AF343617

SAINT FRANÇOIS DE SALES

PRÉDICATEUR

THÈSE

PRÉSENTÉE A LA FACULTÉ DES LETTRES DE PARIS,

PAR

L'Abbé H. SAUVAGE.

PARIS

A. PERENNE, RUE SAINT-SÉVERIN, 25

1874

BIBLIOTHÈQUE IMPRIMÉS NATIONALE

DÉPÔT LÉGAL Mayenne n° A 1876

A LA MÉMOIRE

DE

MON PÈRE

———

A

MA MÈRE

———

INTRODUCTION

Il n'est pas de saints dont la mémoire soit restée
plus sympathique à la postérité que celle de François
de Sales. Nul n'avait été plus aimable et plus aimé
de ses contemporains.

Mais à côté du saint, dans l'évêque de Genève, il
y a l'homme de lettres, l'auteur de nombreux ouvrages, pleins de charme et de profondeur, le littéra-
teur malgré lui, envers lequel, peut-être, la postérité
ne s'est pas toujours montrée aussi juste.

Pendant la vie de François de Sales, ce n'avait été
qu'un concert d'éloges, donnés à ses talents aussi
bien qu'à ses vertus, et les qualités littéraires de
l'écrivain, loin de rester inaperçues, n'étaient pas
même contestées.

A chaque page de son histoire, les témoignages les plus flatteurs nous prouvent l'admiration qu'il éveillait partout autour de lui. Les hérétiques eux-mêmes, ses éternels adversaires, furent contraints de confesser l'incontestable supériorité de son génie.

Et cependant cet enthousiasme, que nous recommençons à trouver si naturel, ne devait avoir qu'un temps.

Quatorze ans après la mort du grand évêque, Corneille donnait le *Cid*, et l'année suivante, Descartes, dans son *Discours sur la méthode*, portait le premier la prose française à sa perfection. A côté de ces deux noms, devaient nécessairement pâlir toutes les anciennes renommées de notre histoire littéraire.

Éblouie par l'éclat inaccoutumé des lettres, absorbée, en quelque sorte, par la contemplation des nouveaux chefs-d'œuvre, la grande époque, qui s'ouvre avec Corneille et Descartes, allait être tentée de dédaigner la gloire des années précédentes et de reléguer dans l'oubli la plupart des maîtres de la veille.

Disons-le d'ailleurs tout d'abord ; en constatant cette froideur du xviie siècle pour l'âge précédent, nous n'oserions pas, pour notre part, la regretter bien vivement. Il nous paraît difficile d'admettre que le sentiment opposé n'eût pas été funeste à notre littérature.

Les écrivains de ce temps-là avaient mieux à faire qu'à s'engager dans la voie de leurs devanciers. Ils avaient à porter dans l'étude de l'antiquité la mesure et le goût qui pouvaient seuls rendre une telle étude profitable, développer en eux-mêmes la disposition naissante de l'esprit français à la simplicité et à la grandeur, ces deux qualités auxquelles on devait déjà des chefs-d'œuvre, et qui s'annonçaient comme le double caractère, le double apanage, de notre génie national ; ils avaient, en d'autres termes, beaucoup plus à créer qu'à imiter, et, jusqu'à un certain point, cette sévérité pour les productions du passé était légitime et nécessaire.

Quoi qu'il en soit, François de Sales devait souffrir à son tour de cette disposition des esprits. La mémoire du saint fut toujours chère, l'écrivain fut négligé. L'Académie française, lorsqu'elle entreprit de rédiger son dictionnaire, le mit bien au nombre des prosateurs modèles, et c'était un grand honneur ; mais ce fut à peu près le seul qu'il obtint.

On consulta encore les ouvrages du saint, pour y puiser les lumières nécessaires à la vie chrétienne et à la conduite des âmes, non plus pour y retrouver, avec ses grâces natives et sa douceur enchanteresse, notre vieille langue du xvi⁰ siècle, si regrettable en plusieurs points.

Bossuet et Fénélon eux-mêmes, qui sembleraient, à vrai dire, protester par leurs éloges contre un silence aussi sévère, ont parlé, si l'on y regarde bien, surtout du maître de la vie spirituelle. Comme Amyot et Coeffeteau, notre écrivain resta, pour employer une expression du temps, de ceux qu'on lisait encore ; c'était du reste beaucoup, et plusieurs, qui figuraient avec lui sur la liste des fondateurs de la langue, n'obtenaient plus même ce souvenir.

Le xviii⁰ siècle fut peut-être plus dédaigneux que le siècle précédent.

Qui donc songeait alors à exhumer les vieux auteurs ? Fascinée par la splendeur du dernier règne, sous le charme de son propre esprit, de ses grâces aristocratiques, la société française s'éprenait avant tout de sa civilisation et de son temps. Trop indépendante d'allures pour se chercher des maîtres, trop fière de ses succès pour penser à ses précurseurs, elle aimait mieux se laisser aller au courant de ses idées que remonter vers leur source ; elle avait trop d'esprit pour ne pas manquer un peu de mémoire, elle était trop riche pour se montrer reconnaissante.

De nos jours seulement, le xvie siècle, ou plutôt le commencement du xviie siècle pouvait obtenir justice. Le domaine de notre littérature était, ou du moins paraissait complètement parcouru ; nulle part ne se découvraient de nouveaux horizons, et dans l'impossibilité d'ajouter aux conquêtes de l'esprit français, on s'est préoccupé davantage d'en retracer l'histoire.

Aujourd'hui une érudition aussi profonde que circonspecte a dissipé les erreurs ou les ténèbres répandues par les deux siècles précédents sur le passé de notre littérature. Nous avons compris que raisonner comme si les lettres modernes empruntaient tout leur reflet à l'antiquité classique, c'était aller contre toute logique et nier cette loi de la continuité qui est aussi indispensable au développement des sociétés qu'à l'harmonie de la nature ; nous nous sommes rappelé qu'il y avait eu un moment dans notre histoire littéraire où ce n'était plus l'obscurité, où ce n'était pas la pleine lumière, où nous étions sortis de l'enfance sans être encore à l'âge mûr.

Nous sommes donc revenus avec complaisance, mais sans exagération et sans parti pris, à l'étude de nos anciens écrivains, de ceux qui, à cette heure de transition, sans rompre entièrement avec leurs devanciers, donnèrent la main aux maîtres qui suivaient, se chargèrent de nouer chez nous la chaîne des progrès de l'esprit humain, et ·dès lors nous devions une place d'honneur à François de Sales.

Cet auteur ouvrait au xviiᵉ siècle la liste des écrivains étrangers dont les œuvres et le talent nous appartiennent.

Il était le plus illustre enfant d'une contrée qui nous donnait alors la meilleure part de sa gloire. Pays pittoresque entre tous, la Savoie était habitée par un peuple dont le caractère n'était pas moins accusé. Pauvre, mais content de peu ; nonchalant, mais spirituel ; naïf, mais gracieux, ce peuple n'avait pas assez respiré entre les secousses politiques pour tourner à son profit les riches qualités qu'il tenait de son propre fond et que sa bonhomie naturelle rendait sympathiques à tous les voisins. Les institutions manquaient au génie national, par lui-même un peu paresseux, en sorte que par la force des circonstances autant que par l'affinité de son talent et de sa langue, l'écrivain de ce pays était bientôt naturalisé français. Nous devons donc beaucoup à la Savoie. Ne nous aurait-elle donné que François de Sales et Vaugelas, tous les deux méritaient qu'on s'en souvînt.

Mais, à part la nationalité, François de Sales avait

pour fixer notre attention des qualités toutes françaises qu'on ne pouvait méconnaître. Bien avant Bossuet, il avait fait entrevoir quelle influence exercerait chez nous, sur les lettres, le sentiment de la mesure, l'amour de la simplicité. Avant Fénélon, il avait montré ce que peuvent la sensibilité et la grâce dans les œuvres de l'esprit. Il n'avait pas attendu Pascal pour sonder les misères de l'homme, et parler la langue de la philosophie chrétienne. Sans doute, toutes ces dispositions qui allaient fixer le génie français dans sa voie n'étaient qu'en germe chez notre écrivain, mais elles y étaient ; s'il n'avait pas tout vu, il avait beaucoup pressenti, et l'intérêt se joignait à la justice pour commander aux amis des lettres l'étude de ce grand esprit.

Cependant un côté de cette physionomie si attachante nous parait être resté dans l'ombre. Le saint évêque fut aussi un prédicateur fort célèbre, et jusqu'à présent on ne l'a guère envisagé à ce point de vue (1).

---

1. Ceci était écrit lorsque M. l'abbé Lezat a fait paraître sa thèse sur la *Prédication au temps de Henri IV*. Malgré la place prédominante que cet écrivain distingué assigne si justement à François de Sales, entre tous les prédicateurs de ce temps, les limites du plan qu'il s'était tracé l'ont empêché de donner à

On comprend que l'écrivain ait appelé d'abord l'attention de la critique. C'est dans ses petits traités de dévotion, dans ses livres ascétiques, dans sa correspondance, que le bienheureux nous fait admirer sa jeune et puissante imagination, sa science, la justesse et la modération de son esprit, son tact exquis, toutes ces qualités qui font de lui le moraliste le plus aimable et le plus profond. Là surtout, son style se pare de tous ces ornements, de toutes ces gracieuses images qui le rendent inimitable, et c'est bien à la lecture de ces ouvrages qu'il est facile d'apprécier dans quelles heureuses proportions l'illustre prélat savait allier la simplicité à la noblesse, la distinction de l'esprit à la bonté du cœur.

---

ses conclusions les développements que leur importance même semblaient appeler. Aussi, loin de nous arrêter dans notre travail, l'ouvrage de M. l'abbé Lezat nous a-t-il été un encouragement de plus à le produire. En nous montrant revêtus de la plus haute approbation quelques-uns de nos propres jugements, il autorisait, par là même, les recherches qui nous avaient conduit à les formuler, et justifiait par avance l'étendue des explications que nous voulions en donner.

Le soin spécial de l'auteur à mettre en relief, dans son tableau de la prédication sous Henri IV, la figure si originale et si belle de l'évêque de Genève, n'était-il pas comme une invitation de plus à l'étudier dans ses détails et à lui donner son cadre particulier?

Mais doit-on pour ce motif méconnaître ou oublier les services du prédicateur ? Rien dans François de Sales ne peut nous trouver indifférents. Placé dans ce temps qui n'étant plus le xvie siècle, n'est pas encore le xviie, après les débuts de notre littérature, avant son épanouissement, entre Montaigne et Bossuet, l'évêque de Genève, si français par le style et l'esprit, a dû laisser partout, dans les lettres, des traces profondes de son influence. Chacun des genres, auxquels il a touché, a dû faire, grâce à lui, des progrès plus ou moins marqués. N'aurait-il pas ses qualités brillantes, que la date, les circonstances et les travaux de sa vie nous défendraient de rien négliger en lui, à plus forte raison ce qui remplit son existence tout entière, la prédication.

Peut-être est-ce au petit nombre de sermons authentiques qu'il faut attribuer le peu d'importance attaché, jusqu'ici, à ce qui nous reste de François de Sales prédicateur ?

Cette pensée nous aurait arrêté davantage, si nous n'avions connu la lettre de saint François sur la prédication, lettre qui, à elle seule, mériterait une étude particulière. Nous l'avons méditée, et il nous a semblé impossible qu'un prédicateur qui, sans le moindre effort, exprimait des idées aussi justes sur l'éloquence religieuse, n'eût pas laissé, dans ce qui reste de lui, l'empreinte de son génie et la trace de sa supériorité.

Nous nous sommes donc mis à l'œuvre, dans l'espoir que ces restes précieux d'un trésor, hélas ! nous le craignons, à jamais perdu, nous permettraient, sinon de l'analyser dans ses détails, au moins d'en deviner l'ancienne richesse. Nous avons studieusement examiné les parcelles que nous possédons encore ; c'était peu auprès de ce qu'eût été le trésor complet, mais c'était suffisant pour fixer l'attention (1).

---

1. Nous avons pu nous aider, dans ce travail, des éditions les plus anciennes, en particulier de l'édition de MDCXL-XLI, en deux volumes in-f°. Elle est intitulée : *Les Œuvres du bienheureux François de Sales, évesque et prince de Genève, reveues et augmentées d'un grand nombre de pièces qui n'ont jamais paru avant cette édition. Où est adjoustée la vie de ce parfait prélat, composée nouvellement par le père Nicolas Talon, de la Compagnie de Jésus,* MDCXL. A la fin des sermons transcrits sur les originaux, en tête des sermons recueillis se trouve ce titre : *Recueil de quelques sermons familliers du bienheureux François de Sales, évesque et prince de Genève, faits aux Religieuses de la visitation de sainte Marie d'Annessy.* C'est à cette édition que nous avons emprunté le texte des sermons authentiques au nombre de vingt-cinq.

Pour le sermon de la fête de saint Pierre, nous avons consulté, à la bibliothèque de Lyon, l'édition de MDCXLIII qui le donna la

A côté des sermons et des plans de sermons d'une authenticité incontestable, qui ont été pris sur des manuscrits de l'auteur, nous avons cru ne pas devoir négliger tout-à-fait les instructions recueillies par les religieuses de la Visitation. Nous avons choisi la première édition, dont la fidélité est attestée par les éditeurs de MDCXLI (1). L'édition de MDCXLI témoigne en

première. C'est donc à tort qu'on a prétendu qu'il figurait pour la première fois dans l'édition de 1665. — L'exemplaire que nous avons vu à Lyon porte ce titre : *Sermons du bienheureux François de Sales, évesque et prince de Genève : Instituteur des Religieuses de la visitation. — Nouvellement reveues et corrigez et augmentez de quelques sermons avec une explication mystique sur le Cantique des Cantiques. — Seconde édition, à Paris,* MDCLXIII.

1. Ainsi pour les sermons recueillis l'édition de MDCXLI, dont le monastère de la Visitation de Reims possède un exemplaire, nous a semblé offrir le plus de garantie, à cause des affirmations de l'éditeur et du texte lui-même. Il nous a été facile de vérifier sur elle nos citations. M. l'abbé Peltier, dans la 2ᵉ édition publiée par M. L. Vivès, Paris 1868, ayant emprunté le texte des sermons à ce même exemplaire de Reims, nous renverrons suivant les citations à cette édition, en même temps qu'à celle de MDCXLI. Nous disons suivant les citations, car pour les sermons authentiques le texte est loin, dans certains cas, d'être fidèlement transcrit, comme nous avons pu nous en convaincre par l'étude de l'exemplaire MDCXL de la bibliothèque Sainte-Geneviève dont tous les éditeurs semblent avoir ignoré l'exis-

effet, que les sermons ont été recueillis fidèlement par les auditeurs qui étaient les religieuses de la Visitation Sainte-Marie d'Annecy, ce qui n'autorise pas à conclure, comme on l'a dit récemment encore sur la foi de l'édition de MDCXLIII, que ces sermons avaient été complétement remaniés et arrangés. Quand on connaît le respect des

---

tence. La seule différence que nous croyons constater entre l'exemplaire de Reims et celui de Sainte-Geneviève, c'est que ce dernier porte au tome Ier, la date MDCXL, tandis que les deux volumes de Reims ont la date MDCXLI. Les titres sont identiques. Pour la commodité du lecteur, nous renverrons aussi à l'édition publiée en 1865 par une société de libraires, et imprimée à Bar-le-Duc. De toutes les éditions modernes que nous avons consultées, il n'en est point de plus complète et de mieux soignée ; nous n'en citerons pour preuve que l'authenticité des fragments inédits donnés dans cette édition à la suite des sermons de François de Sales. M. l'abbé Boulangé, aumônier de la Visitation au Mans, qui le premier s'est trouvé en possession des précieux autographes sur lesquels ils ont été transcrits, a bien voulu nous communiquer ses notes et nous avons pu vérifier la parfaite exactitude du texte des éditeurs de Bar-le-Duc.

Nous ne passerons pas sous silence l'édition de M. l'abbé Migne dont les recherches ont été considérables et très-utiles pour les éditions suivantes.

Quant aux manuscrits, ces différents éditeurs ont compulsé tous ceux qui nous sont parvenus et il nous a fallu renoncer, après de nombreuses recherches, à en trouver de nouveaux, du moins en ce qui concerne les sermons.

religieuses de la Visitation pour leur saint fondateur, on ne peut admettre qu'elles aient retouché à leur fantaisie des sermons que la lenteur de débit reprochée à François de Sales leur permettait de reproduire fidèlement. Du reste ces sermons portent avec eux la preuve de leur authenticité et ont tous les caractères du genre de notre prédicateur.

La seconde édition fut entreprise, il est vrai, par ordre de sainte Chantal; mais elle ne put la surveiller, et l'examen du texte porte à croire que ses intentions ont été mal comprises.

Or, à l'étude de ces documents, nos espérances ont été dépassées. Nous y avons vu sans cesse appliqués la plupart des conseils donnés au frère de sainte Jeanne de Chantal et nous sommes resté convaincu que la collection entière des sermons de notre saint aurait dignement figuré parmi les grands monuments de l'histoire de la prédication.

Comparés à ses autres ouvrages, les sermons de saint François de Sales sont d'une infériorité relative. Ils n'ont pas le charme de ses lettres, la profondeur et la lumineuse clarté de ses controverses, le tour délié et gracieux de ses traités ; mais encore faut-il mesurer le mérite des œuvres à leur degré de supériorité sur celles qui les ont précédées dans le même genre, et à l'influence qu'elles ont exercée sur celles qui les ont suivies.

Quand on se rappelle ce qu'était alors l'éloquence de la chaire, à quelles humbles proportions avait été rabaissé ce grand art, quelles étaient les habitudes et la manière des prédicateurs en renom, on se demande si les sermons de notre saint, loin de devoir passer inaperçus, ne méritaient pas, au contraire, d'être remarqués entre tout ce que son fécond génie nous a légué.

C'est donc à l'étude de François de Sales, prédicateur, que se bornera notre modeste travail.

Quel était l'état de l'éloquence religieuse à la fin du xvi° siècle ?

Dans quelle mesure François de Sales orateur a-t-il subi l'influence religieuse et politique de la société et du temps où il a vécu ?

Quels étaient chez le célèbre missionnaire le caractère de l'homme, le genre et le style de l'écrivain ?

Telles sont les questions auxquelles nous allons avoir successivement à répondre. Elles nous permettront de résumer rapidement les services rendus par François de Sales à l'éloquence de la chaire, sans que nous oubliions cependant de constater ce qu'il laissait encore à faire après lui.

Inutile de le dire, personne plus que nous n'eût désiré, par respect pour ses juges, comme par prédilection pour son auteur, être digne de son sujet. Puissions-nous, du moins, avoir légitimé quelques-uns de nos jugements, et contribué pour notre part, si faible qu'elle soit, à rendre à François de Sales la place qui lui est due ! Cet espoir et le charme qu'on goûte dans le commerce d'un si grand et si doux esprit, ont été la raison de nos efforts, ils resteront l'excuse de notre témérité.

CHAPITRE PREMIER.

Sommaire.

Trois défauts envahissent la chaire au moyen âge : l'abus de la scolas-
tique, la trivialité du langage, le symbolisme raffiné. — Influence fatale de
la scolastique sur la prédication. — Charron, Bertaut, Coton, Coeffeteau.
— Histoire du genre familier. — Ses commencements — Ses dangers. —
Cause réelle de ses développements si funestes à l'éloquence de la chaire.
— Maurice Poncet. — Violence des prêcheurs à la fin du xvie siècle. —
Les ligueurs. — L'exaltation politique aide à la corruption de l'exégèse
chrétienne. — Distinction entre le sens littéral et le sens spirituel de l'Écriture. — Comment les prédicateurs franchirent peu à peu les limites de la
vérité et du goût dans l'interprétation du sens spirituel. — Corruption du
symbolisme amenée par la décadence des mœurs.

La renaissance des lettres, source de nouveaux défauts pour la chaire
chrétienne. — Érudition profane et ridicule des prédicateurs. — Imitation
maladroite des langues anciennes. — Un Avent de Valladier. — Séguiran.
— Oraisons funèbres de Henri le Grand. — Du Perron. — Imitation italienne et espagnole. — Réveil de l'éloquence religieuse sous le règne de
Henri IV. — François de Sales.

CHAPITRE PREMIER.

État de la Prédication en France au temps
de Saint François de Sales.

Sans refaire dans tous ses détails la triste et longue
histoire de la décadence de la prédication religieuse en
France, on peut dire que tous les défauts qui envahi-
rent la chaire, au moyen-âge, avaient leur source, ou
dans l'abus de la scolastique et du symbolisme, ou
dans la trivialité du langage.

La méthode scolastique offre de grands avantages
pour l'étude de la théologie, nous sommes loin d'en
disconvenir ; elle est excellente pour exercer l'esprit
au raisonnement et le mettre en garde contre l'erreur.

Bien comprise, cette méthode a été et serait encore la source des plus sérieux progrès dans les sciences où domine la logique ; mais on ne saurait nier que les prédicateurs aient beaucoup perdu à s'astreindre à ses règles, nous allions dire à son mécanisme, et en aient souvent abusé jusqu'au ridicule. Nous n'en voudrions pour preuve que l'impossibilité dans laquelle nous sommes de citer, en dehors de saint Bernard, dans ces siècles de foi et de ferveur, un digne successeur des Pères de l'Église. Aucun discours vraiment oratoire ne nous a été légué, aucun modèle d'éloquence n'est arrivé jusqu'à nous ; alors que cependant de cette époque datent peut-être les plus grands efforts philosophiques et théologiques de l'esprit humain. C'est que le propre de l'éloquence est d'émouvoir, et que, pour remuer les consciences et vaincre les cœurs, le syllogisme ne suffit pas.

Le souffle aride de la dialectique devait, au contraire, appauvrir et dessécher dans son germe l'éloquence religieuse, qui est avant tout l'épanchement de l'âme dévorée par la charité, et tourmentée du besoin de la communiquer librement. Rien ne fut fatal à la grande prédication comme cet amour des subtilités, cette recherche des divisions minutieuses, cette prédilection exclusive pour les arguments et la termi-

nologie d'Aristote. De là cette manie des déductions
puériles, cette régularité monotone dans l'exposition,
ces plans systématiques, réguliers jusqu'à l'absurde et
travaillés jusqu'à l'obscurité ; de là tous ces défauts
qui firent oublier de plus en plus le vrai caractère du
sermon, et laissèrent tomber dans un complet discrédit l'étude elle-même de l'éloquence. Le nom de
la rhétorique ne tarda pas, en effet, à disparaître du
tableau des cours des plus célèbres écoles, et à la fin
du xiv° siècle l'art du sermon reposait tout entier sur
l'appareil plus ou moins compliqué des syllogismes ou
des formules (1).

Rien ne prouve du reste à quel point cette habitude de subtiliser était devenue générale et dominante,
comme le temps qu'il fallut pour s'en débarrasser.
Même au commencement du xviie siècle, personne n'y
échappait complètement, et les sermons ressemblaient
encore beaucoup trop aux chapitres d'une somme de
théologie. Charron, malgré sa prétention de réagir
contre ces tendances, et les efforts sérieux qu'il fit en

---

1. Un traité anonyme de 1390, qui a pour titre : *Ars faciendi sermones*, commence ainsi : « *Hœc est ars brevis et
clara faciendi sermones secundum formam syllogisticam
ad quam omnes alii modi sunt reducendi.* »
Cité par M. Lezat. *De la prédication sous Henri IV*, p. 15.

effet pour y rester étranger, ne réussit pas toujours, et nous fatigue par la raideur et la monotonie de ses classifications. Berlaut, le poète élégant du jour, le galant abbé d'Aulnay, n'avait garde d'oublier les vieux principes (1). Lesdiguières employait jusqu'à la ruse pour entendre les quiddités et les entités du père Coton (2). Coeffeteau touchait au ridicule, à force de vouloir être systématique, dans la composition de son oraison fun èbre d'Henri IV, le seul discours qui nous reste de lui.

Au temps de Bérulle, la mode des abrégés de théologie, des *compendia*, des sommes, des répertoires alphabétiques, était encore en pleine vigueur (3), et

---

1. *Sermons sur les principales fêtes de l'année.* 1613.

2. Il fit faire une galerie souterraine de sa maison à l'église, et là, d'une fenêtre dérobée, il entendait, à l'insu des pasteurs, le fameux jésuite.

3. Voir les divers ouvrages de ce genre, cités par M. Jacquinet dans son ouvrage sur les *Prédicateurs du* xvii⁰ *siècle, avant Bossuet. Paris-Didier*, 1863, p. 122.

D'innombrables répertoires avaient été publiés déjà dans le xiii⁰ siècle ; le nombre en augmenta dans les siècles suivants, et l'on peut voir que ces compilations n'étaient pas encore, au temps de saint François de Sales, tombées dans un grand discrédit, par les titres de celles qui se publièrent au xvi⁰ siècle. V. Lecoy de La Marche : *La chaire française au* xiii⁰ *siècle*, p. 303 et 304.

n'encourageait que trop les prédicateurs à persévérer dans la voie où leurs devanciers s'étaient si grossièrement égarés.

Toutefois il serait injuste de mettre sur le compte de la scolastique les détails familiers dans lesquels descendirent si longtemps les sermonnaires.

La méthode scolastique peut conduire aux divisions étranges, aux déductions subtiles, mais pour expliquer ce laisser aller du langage qui déshonorait alors la chaire chrétienne, il faut se rappeler une autre disposition d'esprit, plus dangereuse encore, quoique peut-être plus facile à déraciner ; nous voulons dire : la familiarité.

Depuis le jour où, comme le dit Fénelon précisément à propos de l'éloquence : « Les barbares qui « inondèrent l'empire romain, mirent partout l'igno- « rance et le mauvais goût (1), » la vulgarité dans la prédication était devenue inévitable.

D'abord âpre et rude, comme les mœurs du temps, le langage des sermonnaires ne tarda pas à devenir trop familier et trop naïf. Dans le mélange des sociétés et le chaos des institutions, la réserve et le senti-

-----

1. *Dialogues sur l'éloquence*, 3ᵉ partie. Paris. Lebel, 1823. t. XXI. p. 114.

ment des convenances sont à peu près inconnus et l'heure devait nécessairement arriver où la parole de Dieu serait déshonorée par de regrettables excès.

Cependant les germes bien anciens de ce défaut se développèrent lentement. La scolastique avait déjà exercé son funeste empire, que l'on pouvait croire encore la dignité de la chaire sauvée. Longtemps on n'entendit que le langage simple et populaire dont les prêtres et les moines se servaient pour traiter paternellement les sujets de morale et de religion. L'élévation manquait souvent ; la familiarité du ton nous choquerait aujourd'hui ; mais du moins les règles de la décence étaient respectées, et si l'orateur se permettait quelquefois une allusion directe à ses auditeurs, jamais il ne descendait jusqu'à l'outrage. Sans doute ce genre n'aurait pas mené à l'éloquence telle que nous l'entendons de nos jours (1), mais pendant de longues années il fut peut-être le seul possible, et il était certainement le plus efficace.

Les succès de Foulques de Neuilly, de Maurice de

---

1. Il est évident que l'éloquence ne s'entend pas de la même manière partout et dans tous les temps. Ainsi le langage noble est un peu une affaire de convention. Voir ce qu'en dit M. Gérusez dans ses *Mélanges littéraires* au chapitre de la prédication religieuse.

Sully, de Jacques de Vitry, et de tant d'autres prédicateurs du XIIe et du XIIIe siècle, prouvent qu'il
fallait quelquefois être familier pour toucher ces populations naïves, mais ardentes. L'éloquence religieuse
en France, dès qu'elle se servit de la langue commune, devait avoir ces modestes commencements.
Là ne fut pas son malheur. Tant qu'elle sut rester à
la hauteur de sa mission, que le sermon se fit en latin, suivant l'usage presque général des premiers
siècles du moyen âge, qu'il se fit en langue romane (1)
comme au xiie siècle, que même la coutume ait été
introduite, au milieu du xiiie, de mélanger le latin et
la langue vulgaire pour relever le discours et soutenir l'attention du public, ces diverses transformations
de nos premiers idiomes, loin d'être redoutables et
dangereuses, étaient tout autant de pas nécessaires,
faits vers la forme définitive de la langue française.
La prédication était simple, parce que les sociétés
l'étaient aussi, et qu'il fallait l'être pour leur parler ;
populaire, parce qu'il fallait être compris de tous ; di-
dactique, parce que le peuple avait surtout besoin

---

1. Cette langue était déjà connue au ixe siècle. Les conciles de
Reims et de Tours en avaient déjà permis et même ordonné
l'usage.

Labbé. *Concil.* T. vii. 1263 1256.

d'instruction. Elle marchait donc avec la société, sans la devancer assez par moments, mais sans jamais l'égarer ou lui nuire.

La ruine de l'éloquence fut cette malheureuse disposition des sermonnaires à porter dans la chaire toutes les préoccupations du jour, à revêtir successivement tous les caractères transitoires de ces sociétés en travail, à se montrer trop les hommes de leur temps et pas assez les propagateurs d'une doctrine qui ne changea jamais. Ils oublièrent souvent que leur rôle était de s'abaisser jusqu'à leur auditoire pour l'aider à sortir de l'enfance, mais non pas pour le copier. Là fut leur tort et le danger véritable que courut la prédication. Au lieu de rester dans la voie que lui avaient tracée les Pères, et que saint Bernard venait encore de parcourir ; au lieu de demeurer vierge de tout contact éphémère, de toute altération, de toute influence trop humaine, elle ne tarda pas, au contraire, à refléter toutes les tendances du moment, à subir le contre-coup de chaque vicissitude sociale, à connaître, elle aussi, la mode et l'engouement.

D'éclatants succès firent malheureusement illusion aux prêcheurs de cette époque sur l'utilité de ce genre bas et familier, si fatal au progrès de l'éloquence religieuse en France. Ils ne comprirent pas que cette vogue était

momentanée et qu'ils marchaient aux plus graves abus.
Les populations étaient naïves sans doute, mais alors
comme aujourd'hui, de tous les moyens de réveiller la
foi, d'échauffer le zèle, on devait préférer le plus
noble. Saint-Bernard, Gerson, Nicolas de Clémangis,
Pierre d'Ailly, tous ceux qui surent, à de rares intervalles, retrouver les accents apostoliques des Pères de
l'Eglise, eurent-ils moins de succès, pour ne s'être
pas pliés à tous les caprices de leur temps? Leur
exemple ne fut pas compris.

Déjà la scolastique a imposé ses chaînes ; le
tour des trouvères arrivera ; ils recevront l'hospitalité
dans la chaire comme les dialecticiens de la veille, et
les rimes se mêleront aux syllogismes (1). Bientôt
sous l'influence de cet esprit railleur et bouffon qui
promenait ses caprices jusque dans la décoration de
nos temples, et se divertissait naïvement, même des
saints mystères, la langue du sermon deviendra satiri-
que et malicieuse.

Dante (2) et Boccace (3) pourront alors, à des titres
différents, flétrir les sermonnaires. Viennent les luttes

---

1. Voir sur les sermons en vers : *La chaire française au*
XIIIe *siècle*. Lecoy de La Marche, 256 et suiv.

2. *Parad.* ch. XXIX, v. 111 et suiv.

3. *Décam.* — *Conclus.*

religieuses des siècles suivants et la fougue de quelques
exaltés, trop bien servis par les habitudes de leurs
prédécesseurs, mettra le comble à la dépravation du goût.

Alors un « bon et docte prédicateur grandement
« honoré et estimé de tout le peuple de Paris » (1)
Maurice Poncet, du haut de la chaire de Notre-Dame,
après avoir appelé une confrérie de pénitents, « la con-
frairie des hypocrites et athéistes » l'admonestera en ces
termes. « J'ay esté adverti de bon lieu qu'hier au soir
« (qui était le vendredi de leur procession) la broche
« tournait pour le soupper de ces bons pénitents. Ah !
« malheureux hipocrites, vous vous mocques dont
« de Dieu sous le masque, et portes pour contenance
« un fouet à votre ceinture ? ce n'est pas là, de par
« Dieu, où il vous faudrait le porter : c'est sur votre
« dos et sur vos épaules, et vous en estriller très-
« bien, il n'y a pas un de vous qui ne l'ait bien gain-
« gné. » (2) Et le prédicateur qui parlait ainsi
en 1583 (3) croyait être sérieux ; sa réponse à l'en-

---

1. Ce sont les expressions mêmes de Lestoile qui n'est pas
suspect de partialité. Il ajoute « il était au surplus d'une fort
« bonne vie et sincère conscience » Lestoile, I. 210.

2. Lestoile, I. 160.

3. Ce sermon fut prononcé le samedi 26 mars 1583, le lendemain de la procession à laquelle le moine Poncet fait allusion.

voyé d'Henri III le prouve assez. Le roi très-mécontent de ce qu'un moine se permît ce langage sur une confrérie qu'il avait instituée, et une procession à laquelle il avait lui-même assisté, le fit d'abord jeter en prison, puis lui fit dire par le duc d'Epernon : « Mon-
« sieur nostre maistre, on m'a dit que vous faites rire
« les gens à vostre sermon, cela n'est guère beau :
« un prédicateur comme vous doit prescher pour
« édifier et non pas pour faire rire. » Et le moine de riposter : « Je veux bien que vous sçachiés que je ne presche
« que la parole de Dieu et qu'il ne vient point de
« gens à mon sermon pour rire, s'ils ne sont mes-
« chans et athéistes ; et n'aussy n'en ay je tant fait
« rire à ma vie comme vous en avez fait pleurer » (1)
Nous citons ce trait connu, parce qu'il est caractéristique. Voilà un bon et docte prédicateur, un des plus habiles orateurs de son temps, s'il fallait en croire Moreri, qui s'imagine être digne et sérieux en se livrant à des personnalités aussi offensantes.

Que sera-ce quand ce reste de bonhomie aura disparu dans les emportements de la Ligue, et qu'aux plaisanteries de ce moine hardi, mais populaire et

---

1. Voir le récit de cette affaire dans Mathieu. *Histoire des derniers troubles*. 1622, in-4°, 15. — Lestoile. i. 160. Palma. Cayet, i. 32.

point méchant, succèderont les brocards ou les injures des Seize et de leurs prêcheurs! Alors toutes les barrières seront renversées, la parole de Dieu sera livrée à des profanations déplorables, et la chaire chrétienne ne sera plus qu'une tribune pour les agitateurs et les factieux. Tant il est vrai de dire qu'il faut s'opposer aux défauts dans leur germe, et les attaquer dans leurs racines!

La foi naïve du moyen âge s'était montrée trop indulgente aux premières atteintes d'un mal qui devait être si grand plus tard. Le scandale est beaucoup plus difficile aux temps de piété candide qu'aux époques de civilisation et de raffinement. L'esprit caustique de ces premiers âges, qui a laissé tant de traces dans les arts, en a laissé de bien plus profondes encore dans l'histoire de la chaire, parce qu'il y régna plus longtemps.

A la fin du xvie siècle, l'humeur libre des prêcheurs s'en prit aux dissidents et aux ennemis politiques, avec plus d'aigreur que jamais. Les contemporains de l'évêque de Genève, les Rose, les Boucher, les Aubry, les Garin, et, en dehors des ligueurs, en plein règne de Henri IV, le P. Gontier et l'abbé Dubois, l'un contre les protestants, l'autre contre les jésuites, ont la triste gloire de n'avoir jamais été dépassés pour l'intolérance et l'exaltation.

Les sectes et les partis, les opinions civiles et les vérités dogmatiques, tout était de leur domaine, tout servait de prétexte à leur fureur et de but à leurs invectives. Les causes politiques et religieuses se tenaient de trop près pour ne pas être confondues, dans une crise où les esprits ne savaient ni discerner ce qui était du ressort de la chaire, ni trouver le ton nécessaire à de pareils débats.

Depuis le commencement du xvie siècle, avec les questions religieuses tout était remis en discussion ; le prédicateur qui répondait aux hérétiques, s'attaquait par là même à des adversaires politiques, et devenait facilement, s'il avait de l'audace, un tribun avec lequel les grands devaient compter. Tour à tour les Guises, Philippe II, Mayenne, s'appuyèrent sur le crédit des prêcheurs ; Henri IV avoua un jour avoir trouvé en eux ses plus terribles ennemis.

Du reste, cette influence leur fut fatale et devint la cause de leur ruine. Les premiers déclamateurs virent leurs rangs se grossir d'ambitieux de toute sorte, de déprédateurs hypocrites, et à côté des orateurs dont l'exaltation était aveugle, mais sincère, on dut reconnaître plus d'un démagogue et d'un factieux.

Il le faut bien pour comprendre, par exemple, des manifestations comme cette procession à la fois bur-

lesque et terrible des ligueurs, le 14 mai 1590 (1).
On aime à penser que sous ces frocs et ces armures
étaient nombreux les agitateurs et les intrus. Là devaient être nombreux aussi tous ces fanatiques qui
accusaient déjà le pape Sixte-Quint de complaisance
criminelle, et devaient, le 15 septembre de la même
année, applaudir à la nouvelle de sa mort, annoncée
aux fidèles de Paris par un prédicateur soi-disant
catholique : « comme un des grands biens et miracles,
« avec celui du siége de Paris, que Dieu avait faits
« entre les deux Notre-Dame. »

Celui qui se permettait ce langage était le curé de
Saint-André, et il ajoutait : « que Dieu nous avait
« délivré d'un méchant pape et politique, lequel s'il
« eust vécu plus longuement, on eust esté bien étonné
« d'entendre prescher à Paris contre le pape, et toute
« fois qu'il l'eust fallu faire (2). » Cette violence qui
touchait à la fureur dura jusqu'en 1592.

Les flatteries intéressées de Mayenne et de ses par-
tisans venaient en aide à cette audace qui croissait de
jour en jour et dont il serait trop long d'énumérer
les excès. Une sorte d'émulation s'établit entre les

1. Poirson. — Hist. de Henri IV. i. 74.
2. Poirson. i. 92.

prédicateurs (1) à qui irait le plus loin dans cette voie, et quelques-uns, tels que Boucher, Rose, Aubry, Lucain, Cueilly, Commelet, acquirent alors, dit un auteur, « une odieuse célébrité que l'histoire leur conserve « et leur inflige aujourd'hui comme châtiment (2): »

Paroles que l'on voudrait trouver trop sévères, mais que nous n'avons pas à discuter. Les noms ainsi flétris n'appartiennent point à l'histoire de la chaire ; ces factieux n'étaient plus des prédicateurs, et nous aurions eu tort d'en parler, si nous n'avions tenu à donner une idée de l'atmosphère d'un temps où ces licences obtenaient les plus prodigieux succès.

Qu'on ne dise pas cependant que ces injures étaient le plus souvent des traits renvoyés. Ce serait une

---

1. Il y aurait cependant bien des exceptions consolantes à signaler. Gamus doyen de la Sorbonne, Chavagnac, curé de Saint-Sulpice, Fabert, curé de Saint-Paul, se firent remarquer par leur modération. Lestoile dit, (ii 143) en parlant des prédicateurs de la Ligue, qu'ils prêchaient les choses les plus différentes. L'un approuvait les placards, l'autre les désapprouvait, et Génébrard prêchait séditieusement, pendant que le curé de Saint-Sulpice, au contraire, prononçait malédiction contre tous ceux qui empêchaient l'œuvre de la paix par la conversion de l'hérétique.

2. A. Poirson. *Hist. du règne de Henri IV*. i, p. 284.

excuse pour toute autre cause que celle de la vérité ; des ennemis peuvent se permettre de tels propos, des apôtres, jamais !

Malheureusement le mal était si profond que, long-temps après la soumission des Seize et la fin de la Ligue, les plus célèbres orateurs du temps, les prédicateurs de la cour, en ressentaient encore les atteintes.

Si du moins pour relever l'éloquence religieuse on avait su se servir des trésors cachés dans les saintes Ecritures ? Mais jamais le rôle important de l'Ecriture dans la prédication ne fut plus mal compris qu'à l'époque qui vit naître François de Sales. L'humeur libre des prédicateurs du moyen-âge, et plus tard la fougue des ligueurs, amenèrent insensiblement la raillerie, l'exaltation et la haine à s'autoriser du texte sacré.

Les fidèles entendirent dans la chaire les applications inconvenantes qui remplissaient déjà tous les pamphlets et tous les placards du temps.

Cet indigne trafic de la parole de Dieu, ce travestissement de la vérité même, au profit de la passion et des rancunes politiques, peut, jusqu'à un certain point, trouver son explication dans l'ardeur des partis ; il n'en était pas moins déplorable. On pourra à la rigueur comprendre comment, pour n'en citer qu'un exemple, en 1588, « un pénitencier du roy » en arrivait à parodier le psaume *Miserere*, pour retourner contre les ligueurs une arme qu'ils avaient trop connue (1) ; mais il faut flétrir ces abus qui tendaient à faire du dépôt de la révélation un recueil de traits malins ou d'allusions injurieuses.

Il est vrai de dire que cette disposition à faire des textes de l'Ecriture des armes pour la colère ou l'insulte, était plus scandaleuse que durable ; forcément de tels écarts n'ont qu'un temps et meurent avec les passions qui les ont fait naître. Aussi le danger était-il alors plutôt dans un autre abus moins choquant et, par là même, plus difficile à combattre, nous voulons parler de ce mysticisme raffiné, qui trop souvent dégénérait en exercice d'esprit, ou en amusement puéril.

Il faut distinguer, on le sait, entre le sens littéral et le sens spirituel des Ecritures. Le premier est le sens clair et précis de la lettre. Le second est caché

---

1. Voir dans Lestoile, I.256, la pièce intitulée : *Miserere mei Deus*, donné par pénitence par Monsieur de Saint-Germain, pénitencier du roy, à ceux de la Ligue quand ils se voudront confesser et repentir, en juing 1588.

sous la lettre, et sert à exprimer des vérités plus, ou moins enveloppées dans les figures du langage.

Pour le premier genre d'interprétation, les enseignements de l'Eglise et de la tradition suffisent à contenir les prédicateurs dans de justes limites. Du reste, dans la plupart des cas, le sens littéral se borne à une traduction mot à mot, qui ne peut varier avec les interprètes.

Mais, pour le sens spirituel, il n'en est pas ainsi. L'Eglise établit bien encore certaines barrières dans ce champ ouvert à toutes les conjectures de la piété ; elle ne saurait cependant le délimiter avec la même précision. Sans aller contre la foi, les prédicateurs peuvent se livrer à des explications plus ou moins vraisemblables sur des textes ou des figures diversement interprétés. L'Eglise ne voulait pas et ne pouvait pas définir tous les sens cachés sous la lettre des saintes Ecritures. Il était bon de laisser, en dehors des questions dogmatiques, libre carrière à l'imagination pieuse des orateurs sacrés. Le meilleur moyen de former le véritable commentaire de l'Ecriture n'était-il pas de grouper à la longue, en un seul corps de doctrine, les explications tombées, dans le cours des siècles, des lèvres les plus autorisées, ou rencontrées sous la plume des saints et des docteurs ?

Qui oserait dire, d'ailleurs, que toutes les leçons renfermées dans les livres saints ont déjà été signalées ; que cet abîme insondable de morale et de philosophie, a été complètement exploré ; que ce livre, toujours plus profond à mesure qu'on l'interroge, a dévoilé tous ses secrets !

Tant qu'il y aura dans le monde une âme fidèle et craignant Dieu, elle aura le droit de consulter ces pages inspirées pour y nourrir sa piété et fortifier son amour. Elle pourra les interroger et y trouver de nouvelles consolations, sans avoir violé les règles de l'orthodoxie, ou manqué seulement au respect qui lui est commandé pour l'inspiration du texte sacré.

Mais à côté, et à cause même de ces libertés, ce genre d'interprétation a ses dangers. Quand les règles sont nécessairement un peu élastiques, il est bien rare qu'on ne finisse pas un jour par les enfreindre, ou les dépasser, et les prédicateurs n'avaient pas tardé à franchir les limites de la vraisemblance et du respect. L'écueil, il faut en convenir, était à peu près inévitable. Avec la piété naïve du moyen-âge, les esprits devaient infailliblement pousser trop loin la recherche du sens spirituel, et trop se complaire dans des interprétations subtiles ou forcées. Les Pères, au dire de Fénelon, n'avaient pas toujours su échapper à ce danger.

Les orateurs l'éviteront bien moins encore lorsque le symbolisme et l'allégorie auront envahi les temples, les chaires, les écoles, les livres, et laissé aux générations futures, à côté de sublimes symboles et de magnifiques conceptions, des monuments trop nombreux de la rude familiarité de nos ancêtres. La puérilité et le mauvais goût corrompront alors l'exégèse, la feront déchoir de son rang, et l'Ecriture, ce fondement de la prédication, cet aliment inépuisable de l'éloquence, menacera d'en devenir l'obstacle et le fléau.

Or c'est au plus fort de cette décadence que naissait François de Sales. La licence des mœurs et de l'esprit faisait descendre jusqu'à l'inconvenance ces commentaires de fantaisie, et le grand saint eut à gémir bien souvent, pendant sa vie, sur ces coupables abus. Le symbolisme était plus que jamais rabaissé dans ses conceptions et ses emblêmes. Ce poème de la foi, dont le paradis terrestre est le premier chant, et qui ne finira qu'avec le monde, ce poème sublime, dont Dieu lui-même a tracé le modèle et révélé les sources, qui demanderait toujours pour être chanté les lèvres des bienheureux et la lyre des anges, le symbolisme, se dénature avec les mœurs, et peut, comme on le voyait à cette heure, des hauteurs célestes où le porte l'imagination des saints, descendre jusqu'au bas fonds du ridicule et de l'obscénité. Ainsi s'expliquent ces productions indécentes, monstrueuses, que nous léguèrent la fin du moyen-âge et surtout la renaissance, comme de trop fidèles échos des profanations du Verbe de Dieu. Car, sachons le bien, la renaissance ne releva pas le symbolisme de l'état où il était tombé, à la fin de ce qu'on est convenu d'appeler le moyen-âge. Au contraire, les productions qui signalent cette époque, marquée peut-être par le réveil des esprits, mais non par celui des âmes, sont encore plus méprisables que celles du siècle précédent. Alors virent le jour ces nudités complaisamment étalées jusque dans nos temples, et laissant bien loin derrière elles toutes les fantaisies licencieuses et bizarres des jours passés. Tant il est vrai que dans l'ordre des questions religieuses, sans la pureté des mœurs et la dignité du caractère, les doctrines littéraires et le goût restent impuissants !

Le scandale était donc d'autant plus grand qu'au symbolisme des arts répondait le symbolisme des sermons et qu'ils étaient dignes l'un de l'autre. Ils souffraient des mêmes vices, étaient souillés des mêmes taches. Leurs rapports sont trop étroits d'ailleurs pour qu'il n'en soit pas toujours ainsi. Aux allégories indécentes de la sculpture ou de la peinture, répon-

daient les grossières explications des prêcheurs, et,
d'un autre côté, bien des extravagances de l'art ne
furent que la réalisation, par le burin ou le pinceau,
des interprétations bizarres, des rapprochements ridicules, introduits dans l'exégèse par le caprice ou la
légèreté des sermonnaires du temps.

C'est ainsi que la fantaisie aidée des raffinements
de la scolastique, de la dépravation du goût, et,
disons-le aussi, du déréglement des mœurs, conduisait
à ce triste abus de l'Écriture, quand la haine ou les
passions politiques n'en étaient pas la source première.

Nous voudrions pouvoir dire que les puérilités de
la scolastique, la licence du langage, les exagérations
du mysticisme, étaient au temps de François de Sales
les seuls excès à redouter pour un prédicateur. Mais
déjà le progrès des lettres, dans divers genres, annon-
çait l'aurore de la renaissance, et de ce puissant
mouvement des esprits, le croirait-on ? résultaient
tout d'abord, pour la chaire, de nouveaux défauts.

Les prédicateurs surtout connurent les égarements et
les excès du premier enthousiasme. A la rudesse du
moyen-âge, aux emportements de la Ligue, il fallut
ajouter, comme autant de causes nouvelles de dévia-
tion et d'erreurs, l'entraînement de la renaissance,
l'ascendant et la vogue des littératures étrangères. La

parole sainte, par la nature des vérités qu'elle exprime, par la gravité de son sujet, la majesté de son théâtre, l'élévation de son but, par tous ses caractères en un mot, semblait assurée contre les dangereuses illusions de ce premier réveil littéraire, trop profane dans le principe. Elle en fut cependant la première victime, grâce à l'enivrement subit qui s'empara de tous les esprits pour les frivolités du paganisme et le clinquant de l'étranger.

On comprend, du reste, qu'au sortir du moyen-âge l'ivresse ait été générale. Alors que les mœurs avaient conservé leur rudesse, et que la langue, encore imparfaite, tardait à se dégager des langes des vieux dialectes, et à se donner un corps ; alors que la science et l'instruction étaient le partage de quelques rares esprits, on conçoit aisément, d'abord la stupéfaction, puis l'enthousiasme, qu'inspirèrent les trésors de l'antiquité. Cette littérature ancienne dépassait de si haut pour les idées et l'élégance de la forme, les modestes productions du temps ! Devant l'horizon ouvert par ces nouvelles études, le domaine exploré par la pensée apparaissait dans de si mesquines proportions, que tous, poètes et prosateurs, eurent le vertige, et que l'admiration monta jusqu'au délire.

Mais les prédicateurs n'étaient pas dans la même

condition. Pour eux le domaine exploité n'était autre que la religion elle-même, et toutes les découvertes littéraires n'étaient rien auprès des idées sublimes que leur ministère les appelait à annoncer. Ils pouvaient trouver de grands noms dans ces auteurs récemment exhumés et remis en honneur ; mais qu'étaient ces génies vacillants du paganisme auprès des pères et des docteurs de l'Église, qu'était leur style élégant auprès de la langue inspirée des Livres saints !

Cependant les prédicateurs cédèrent au courant, d'autant plus volontiers qu'ils croyaient par là même arriver à mieux comprendre leur mission. C'était alors la seule voie reconnue de progrès pour l'esprit et pour le beau langage ; des apôtres pouvaient se croire obligés d'y briller. Ils se mirent donc à *piller*, à leur tour, le *temple Delphique*, sans discernement et sans choix, suivant le goût du moment, empruntant, copiant tout, le fond comme la forme.

Les licences qui déshonoraient encore la chaire n'aidaient que trop à l'illusion. Tout cet étalage d'érudition profane, qui nous paraît aujourd'hui si déplacé, pouvait, il faut l'avouer, sembler plus digne de la tribune sainte que les trivialités que nous connaissons, et, jusqu'à un certain point, les coutumes anciennes de la chaire sont l'explication de l'en-

thousiasme frivole qui s'empara des prédicateurs au
xvi⁰ siècle.

Quoi qu'il en soit, par cela même que l'éloquence
religieuse aurait dû rester plus étrangère à cette nouvelle révolution, les conséquences en furent plus tristes
pour elle.

Comme dans toutes les œuvres d'alors, mais à un
degré plus choquant, le goût de l'époque se trahit
dans les sermons par ces deux défauts : une érudition
effrénée ; l'imitation maladroite des langues anciennes
et étrangères, ou la redondance.

Déjà, nous l'avons vu, la scolastique aidait à ce
penchant pour l'érudition ; mais ce qui marqua en
chaire l'aurore de la renaissance, ce fut précisément
la forme païenne de cette érudition, et l'habitude de
puiser de préférence aux sources profanes les allégories et les comparaisons que le symbolisme du temps
avait mises si fort en vogue.

Alors les pensées de la foi se noient peu à peu
dans les flots des considérations profanes, les vérités
de la morale s'empruntent aux philosophes païens,
et les preuves doctrinales laissent la place aux
aphorismes des sages d'autrefois. Des analogies
pitoyables succèdent souvent aux symboles catholiques. Le grand Epaminondas, le divin Platon, l'ingé-

nieux Homère, sont sans cesse invoqués à l'appui des vérités religieuses, et figurent à côté des docteurs les plus respectés, à côté des apôtres, de Jésus-Christ lui-même.

On connaissait, il est vrai, bien avant le xvi° siècle les auteurs païens et on les citait. Déjà au xiiie siècle Jacques de Vitry, Etienne de Bourbon, Elinand surtout, s'étaient fait remarquer par leur érudition profane, mais ils mettaient une certaine réserve dans l'emploi de ces autorités secondaires, tandis qu'à la fin du xv° siècle, et durant tout le xvi°, elles firent invasion dans la chaire, au point d'y occuper souvent le premier rang.

C'était le règne de ce style prétendu cicéronien, qui n'était qu'un ridicule assemblage de périodes emphatiques et redondantes. Job y dialoguait avec Martial, Phocion avec saint Paul ; la sainte Vierge alléguait Justinien à Notre Seigneur qui répondait en citant Aristote.

Plus un nom avait été inconnu jusque là, plus il faisait autorité ; plus une histoire était invraisemblable et ignorée, plus elle était propre à fournir des similitudes.

Valladier, par exemple, que nous voudrions pouvoir passer sous silence, mais que sa célébrité dans ce temps nous force à mentionner, désirera lui aussi, malgré sa propension bien connue à continuer les traditions des Menot et des Maillard, prouver qu'il a profité des leçons de la renaissance.

Qu'on parcoure son Avent intitulé : « *La saincte
philosophie de l'âme* (1) », on verra à chaque page
des citations d'auteurs, tels que Xénophon, Anicéna, « un
grand docte Arabe, » Ptolémée, Porphyre, et en marge,
des notes comme celles-ci : *belle induction socratique,
gentille similitude...* Ailleurs, comme dans son sermon
sur l'extase de l'âme, non content de citer les Platoni-
ciens et Aristote dans le texte grec, il vous exposera le
ravissement de Carnéade, de Platon, de Trismégiste, de
Socrate, de Xénocrate, de Plotin ; vous expliquera la
vision d'Aristote, d'Alexandre, puis les trois étages de
l'âme appelés par les Hébreux : Nephë, (*anima*) Ruach
(*spiritus*), Neffamot (*quid divinum*). Les traits qu'il
emprunte à l'histoire sont dignes des personnages qu'il
met en scène. Lui, qui trouve moyen de faire appel à
l'autorité de Xénophon, dans un discours sur les enfants
trépassés avant ou après le baptême, expliquera la séparation de l'âme et du corps par l'histoire de la division
de la ligne d'Apelle, histoire empruntée à Pline, plus
feuilleté alors que bien des Pères de l'Eglise. (2)

---

1. *La saincte philosophie de l'âme.* Sermons pour l'Advént,
preschés à Paris, à Saint-Médéric, l'an 1612, par André Valladier
abbé de Saint-Arnould de Metz. Ordre de saint Benoist, prédicateur ordinaire du Roy. Paris, 1626.

2. Sermon XXI, *sur l'extase.*

Le même à propos du mot *adorans* vous rapportera le *narré remarquable* d'un certain Ignatus « sur « un député Vénitien qui s'habilla en chien pour « estre escouté de Clément V. » (1)

Parlerons-nous des titres qu'il donnait à ses sermons? Pour ne prendre que la sainte Philosophie de l'âme, on y remarque un sermon sur les étranges métamorphoses de l'âme, métamorphoses magiques et lycanthropiques; un sur l'astrologie de l'âme, contre les Généthliaques; un sur l'astromancie judiciaire de l'âme, contre les devins et les magiciens; un sur les charmes et sortilèges; deux sur les apparitions; un sur le microcosme de l'âme; quatre sur les extases, etc, etc.....

Nous ne dirons rien du style d'un homme qui commence ses dédicaces au roi, par des phrases de ce genre : « Je ne suis pas de l'advis de ces parasites « épicuriens, volages avortons du christianisme, qui « mènent une vie toute de sucre. Au partir de là, « rampent par terre, ne s'évertuent à rien, si ce n'est « à chasser avec Domitian, aux mouches de leur fan-« tasque et laborieuse oysiveté. » (2)

---

1. *Métanéalogie sacrée. Sermon sur toutes les Evangiles du Caresme preschez à Paris*, à *Saint-Jacques de la Boucherie, l'an 1609*. Paris 1616. — 2ᵉ jeudy de carême.

2. Ibid. Dédicace au Roi.

On conçoit ce que la chaire devait gagner à cette phraséologie absurde autant que prétentieuse, à tout ce fatras d'érudition pédantesque. Voilà le goût du temps. On aurait peine à le croire, si le succès de ces extravagances n'était un fait historique.

Des prédicateurs comme Valladier avaient une vogue immense.

Homme vertueux au fond, mais dont les allures, l'emportement, le mauvais goût contrastaient violemment avec la noble simplicité, la suprême réserve qui caractérisent le véritable apôtre, ce sermonnaire était cependant des plus goûtés. Ses succès en province, et particulièrement à Lyon, ne firent que préluder à ceux qui l'attendaient à Paris. La cour était assidue à ses sermons. En 1626 il avait vu trois éditions de ses discours, prêchés en 1612.

Je sais bien que la verve la plus burlesque anime toutes ces périodes, que, tout en semant à profusion les ornements affectés de la fausse rhétorique, Valladier ne laisse pas d'épancher sa bile en sarcasmes violents et en plaisanteries malicieuses. D'un caractère très-acariâtre et de l'humeur la plus difficile, il ne donnait aucun frein à son imagination, et ses écarts en chaire sont un peu l'image des orages de sa vie. La curiosité, ou des considérations plus légères encore, ont donc peut-être poussé les auditeurs aux sermons de Valladier ; mais on le trouvait éloquent avant de le trouver bizarre, et le public, émerveillé de ces imitations maladroites de la période antique, ne mesurait que trop l'éloquence à la hardiesse des figures et au placage plus ou moins réussi de ce style boursouflé.

Des prédicateurs bien plus sérieux ont connu les mêmes excès.

Sans parler de Pierre de Besse, digne émule de Valladier pour le goût et l'emphase, des hommes beaucoup plus recommandables, sinon pour le savoir, au moins pour le talent, tels que Séguiran, Coton, Cospéan, Du Perron, Coeffeteau, les plus illustres de leur temps, n'ont échappé ni à ces travers, ni à ces illusions.

Séguiran que ses succès appelèrent à la cour du roi Louis XIII, en 1621, ne craignait pas de mettre ainsi en scène dans un sermon, les divinités de l'Olympe :

« Les poëtes ont dit qu'un jour tous les dieux et
« toutes les déesses s'assemblèrent au ciel devant le
« grand Jupiter, pour faire choix et eslite d'arbres qui
« leur seroient à un chacun d'eux les plus favorables.
« Jupiter, tout le premier, retint le chesne pour son
« eslite ; Apollon print le laurier, Junon le genèvre,
« Vénus la myrthe ; et ainsi des autres. Minerve,

« voyant tel choix, commença à rire, disant qu'il
« eust esté plus à propos d'eslire des arbres portans
« fruits, que de choisir ainsi les plantes infructueuses,
« et qui ne rendent que des feuillages et de l'om-
« brage. Jupiter prend la parole, et dit : « Tout beau,
« ce n'est pas à cause des fruicts que les dieux esli-
« sent les arbres, ce n'est que pour tant que tel est
« leur plaisir et volonté souveraine. » Ainsi, si nous
« sommes justifiez, ce n'est pas pour le sujet de nos
« œuvres seulement, mais c'est de grâce (1). »

Or Lestoile, malgré son antipathie mal dissimulée
pour ce religieux, est forcé de nous avouer que, déjà
en 1608, lorsqu'il prêchait l'advent à saint Séverin,
*tout le monde couroit après lui et qu'on en faisoit un
merveilleux cas* (2).

Passons à des noms plus connus. Bertaut, qui,
dans la poésie, sembla comprendre la nécessité d'op-

---

1. Ce curieux passage est emprunté au recueil de ces sermons
dont le titre seul est une révélation sur les mœurs du temps : *Sermons doctes et admirables sur les évangiles des dimanches
et festes de l'année, preschez en divers lieux par un docte et
célèbre personnage de nostre temps.* Paris, 1617, p. 32.

M. Jacquinet, qui cite ce passage, omet de dire que c'est la
traduction, si on en excepte la morale, de la fable de Phèdre,
(Lib. iii, fab. xvii) intitulée : *Arbores in deorum tutela.*

2. Lestoile. ii. 485.

poser une digue au torrent de l'imitation, et par quelques vers pleins de mesure et de goût nous fit toucher à Malherbe, ne marque cependant dans la chaire aucun progrès sur ses devanciers. Telle est, du moins, l'impression que vous laissent ses sermons (1), et surtout son discours, si travaillé, sur la mort du feu roy. Il y débute comme les mauvais rhéteurs du jour :

« J'ai l'esprit si saisi d'horreur, si blessé de douleur
« et troublé d'effroy, soit pour le sentiment des
« choses présentes, soit pour l'appréhension des futures, que je ne sçay quelle borne donner à mes
« pensées en leur frayeur, ni quelle règle à mes paroles en leur plainte, ne pouvant conduire ni les
« unes par les lois du jugement, ni les autres par
« celles de la rhétorique. » Puis, il parlera de la misérable pointe d'un vil et méchant couteau, remué
« par la main d'une charogne enragée et plutôt animée
« d'un démon que d'une âme raisonnable..... » (2) ;
et encore « du vilain couteau d'une infâme

----

1. *Sermons sur les principales festes de l'année.* Paris, 1613.

2. *Oraisons et discours de divers auteurs sur le trépas d'Henry le Grand, très-chrétien roy de France et de Navarre, dédiées au Roy par Du Peyrat, aumonier servant de Sa Majesté.* MDCXI.

Oraison funèbre... par Bertaut, p. 52. Biblioth. Mazarine. 24805.

« petite furie humaine » ; et comparera Henri IV, ne voulant pas escouter les pressentiments de la reine et de ses amis, à César qui ne voulait croire « ni son sage Spurina, ni sa fidèle Calphurnie » (1).

Coeffeteau dont l'autorité reste plus grave (2) en littérature, ne mérite pas de faire exception. Dans le seul discours que nous connaissons (3) de lui, l'oraison funèbre d'Henri IV, après avoir comparé les funérailles du malheureux monarque à celles d'Achille, il choisit cette division : Henri IV ressemble à David pour le commencement du règne, à Salomon pour le milieu, à Josias pour la fin ; et il explique cette idée dans ce style d'érudit à l'ordre du jour. Inutile de dire qu'Homère, Quinte-Curce, Plutarque, sont sans cesse mentionnés.

Il en est de même de Cospéan, l'évêque d'Aire. A l'époque dont nous nous occupons, il n'eût pas été de taille à deviner Bossuet, ainsi qu'il le fit plus tard, et en 1610, il payait encore son tribut à la mode, comme un disciple fervent des anciens. Il a beau déclarer que « le prince duquel on peut honorer le trépas

---

1. Ibid. § 56.

2. V. La Bruyère: *Des ouvrages de l'esprit.* «Un style grave, sérieux, scrupuleux va fort loin; on lit encore Amyot et Coeffeteau.»

3. *Voir les Oraisons et discours de divers auteurs sur le trépas...*

« par une harangue préméditée, pleine de re-
« cherches et d'artifices, montre qu'il touche plus
« à la langue qu'au cœur (1), » il n'en déroule pas
moins ses périodes emphatiques ; parle « de la voix do-
lente de la renommée, des funèbres poëmes des muses
affligées. »

Il rappelle dans le ton le plus pompeux la promptitude de Henri IV à la guerre, mais pour y opposer la
promptitude de la mort, et donner, en résumé, à la
mort, la louange de la vitesse. Pompée, Scipion, César
surtout, se placent naturellement sur ses lèvres. Puis
il entreprend de prouver la valeur des Gaulois par le
témoignage de Caton dans Salluste, par la journée
d'Allia, par l'assaut du Capitole, par les aveux de
Cicéron. La division du discours lui est fournie par
le texte qu'il a choisi : *Cecidit corona capitis nostri*,
(Thren. V. 16). Le premier fleuron de la couronne
de Henri-le-Grand, c'est l'honneur de ses armes ; le
deuxième, la prudence dans l'établissement de la paix ;
le troisième, la clémence ; le quatrième, la religion.

---

1. *Oraison funèbre prononcée en la grande église de
Paris aux obsèques de Henry-le-Grand, Roy très chrestien
de France et de Navarre*, par Messire Philippe Cospéan,
évesque d'Aire, page 4.

Quant au style, il est aussi bien Grec, Latin, Italien, Espagnol que Français (1).

Et enfin pour que tout le discours fût dans le même ton, il voudrait dans la péroraison que la reine-mère pût s'écrier en voyant son fils :

O mihi cara mei super Astyanactis imago (2).
Tels sont quelques-uns des détails de ce discours, où du reste se trouvent des passages très-remarquables, à côté de ces traces trop nombreuses du mauvais goût du temps.

Et avant ces grands prédicateurs, Du Perron (3) dont les talents furent si divers et les mérites si célébrés, n'avait-il pas cru être éloquent dans des tirades comme celle-ci, qui est si connue :

« Bienheureux sourd, s'écriait-il dans son oraison
« funèbre de Ronsard, bienheureux sourd qui a

---

1. Lestoile dit à propos de ce discours : « Cospéan, évesque d'Aire, le jour de saint Pierre à Notre-Dame, ou le corps du Roy fut apporté, fit son oraison funèbre avec apparat, *hoc est*, beaucoup de monstre et peu de rapport, et prescha *el pauco* en espagnol, disait-on, duquel il a le visage, la garbe et la contenance. »
Lestoile, II. 612.
2. *Oraison funèbre*, etc., page 48.
3. « Grand discoureur et philosophe que le Roy oioit volontiers. » Lestoile, I. 167.

« donné des oreilles aux Français, pour entendre les
« oracles et les mystères de la poésie ! Bienheureux
« eschange de l'ouïe corporelle à l'ouïe spirituelle !
« Bienheureux eschange du bruit et du tumulte popu-
« laire à l'intelligence de la musique et de l'harmonie
« des cieux, et à la connaissance des accords et des
« compositions de l'âme. C'est ce grand Ronsard qui
« a le premier chassé la surdité spirituelle des hom-
« mes de sa nation. »

C'est dans la même oraison funèbre qu'il emploie
vingt pages à dire qu'il ne sait comment s'y prendre
pour traiter son sujet.

Il fallait bien qu'il fût difficile de distinguer à cette
époque, la noblesse de l'emphase, la science de l'érudition puérile, la gravité du pédantisme, pour que des
hommes aussi sérieux se soient trompés à ce point.

C'est que le mal était si général ! Comment se
reconnaître à travers toutes ces tendances diverses ?
Comment distinguer la voie à suivre, alors que l'imitation italienne et l'imitation espagnole venaient s'a-
jouter à la manie de copier les anciens ? On s'était
italianisé, on *s'espagnolisait*, pour employer l'expression de la satire Menippée. Sous le règne des Médicis
avait dominé l'influence italienne ; aux rêves de con
quête avait succédé l'envie passionnée des richesses

littéraires et des beaux-arts de ce pays. Dès lors, on chercha pour tout, de l'autre côté des Alpes, les modèles et les maximes, jusqu'au jour où l'éclat de la civilisation espagnole, survivant à l'empire de Charles-Quint, vint appeler à son tour l'attention des Français, et faire rivaliser l'emphase castillane avec l'afféterie italienne.

L'Espagne même domina ; on lui emprunta le langage, le costume (1), les manières (2). Puis ce fut à l'euphuisme de la cour d'Elisabeth, de le disputer au cultorisme de l'Escurial, tandis que la redondance italienne continuait à se prêter à merveille au pédantisme de l'érudition, et qu'à côté des auteurs anciens, faisaient loi des modernes comme Perez et Marini, Lilly et Gongora.

Telle était donc, à l'époque qui nous occupe, l'état de la prédication. Le conseiller Du Vair avait bien quelque raison d'écrire, il faut en convenir, au commencement de son *Traité de l'éloquence française*, publié en 1594 : « Quant à cette autre éloquence qui habite « les chaires publiques, qui devroit estre la plus par-

---

1. Henry IV lui-même adopta la couleur noire de Philippe II.

2. Régnier, *satire* VIII.- Mémoires de Sully, 2ᵉ partie.

« faicte, tant par la dignité de son subject que pour
« le grand loisir et liberté de ceux qui la traittent,
« elle est demeurée si basse que je n'ay rien à en
« dire (1). »

Heureusement ces paroles ne seront pas vraies longtemps. François de Sales avait alors 27 ans et prêchait déjà avec le plus étonnant succès. Quelques
années plus tard, l'éloquent magistrat que nous venons de citer n'eût pas parlé ainsi. S'il entendit les
sermons de l'évêque de Genève, il dut y reconnaître
des germes de qualités nouvelles, et réformer un jugement contre lequel la renommée toujours croissante
du saint apôtre allait si hautement protester.

---

1. Cité par M. Jacquinet : *Des prédicateurs avant Bossuet*,
page 36.

Du Vair, du reste, était bon juge. Pour sa part il a contribué
beaucoup à relever l'éloquence judiciaire. On peut lire entre
autres discours de ce magistrat, celui qui a pour titre : *Suasion
de l'arrest donné au parlement pour la manutention de la loi
salique.*» Du Vair. Rouen, 1624, p. 49-72. On peut lire aussi dans
Palma Cayet, II, 119, le discours de Du Vair à Marie de Médicis,
à son entrée en France, à Marseille. Le chroniqueur ajoute : « le dict
sieur du Vair prononça cette harangue avec tant de grâce et excellence, que si les plus beaux traits de l'éloquence sont jugés par les
auditeurs, la sienne est hors de doute.»

Palma-Cayet, II, 120.

Le règne d'Henri IV, glorieux par tant de souvenirs, devait encore, on le reconnaît aujourd'hui, marquer l'aurore de la vraie prédication religieuse, et
nous espérons prouver que parmi ceux qui partici-
pèrent à ce premier réveil de l'éloquence sous le
grand roi, nul n'y contribua davantage que son saint
ami, François de Sales ; figure d'apôtre touchante
entre toutes, dont il est temps maintenant d'esquisser
les traits principaux.

CHAPITRE II

Le Missionnaire.

Sommaire.

Deux défauts à redouter pour un missionnaire au commencement du
XVIIe siècle ; il pouvait être trop scolastique dans sa prédication et trop
politique dans son apostolat.

§ I.

Les Sermons de Saint François de Sales et la scolastique.

Malgré sa brillante éducation scolastique, François de Sales prédicateur
échappe par la nature de son esprit aux dangers de cette méthode. —
C'est à peine s'il laisse entrevoir dans les plans de ses sermons sa secrète affection pour elle. — Comment, à l'étude de ces résumés trop rapides, on pressent
déjà les qualités de leurs développements. — Physionomie générale des plans.
— Plan du sermon pour le jour de l'Invention de la Sainte-Croix. — Profondeur de François de Sales. — Aisance avec laquelle il aborde l'explication
des mystères. — Son éloquente clarté. — Cependant, s'il ne connaît pas la
sècheresse, il connaît quelquefois la subtilité, second danger de la scolastique. — Même sous ce point de vue, François de Sales est supérieur
à ses contemporains. — Heureuse impulsion qu'il donne à l'éloquence de

la chaire. — Ses idées sur la méthode que doivent observer les prédicateurs.

§ II.

Saint François de Sales prédicateur et la politique.

François de Sales échappe complètement à l'intolérance politique des prêcheurs de son temps. — Sa bénignité envers les hérétiques, sa méthode de discussion. — Un sermon dogmatique du même prédicateur. — Comment, inflexible pour la doctrine, il aime à se montrer indulgent pour les personnes. Estime qu'il fait de la modération. — Le livre des controverses. — Chaleur que communique à son style la vivacité de sa foi — Urbanité de son langage. — Ses expressions les plus répréhensibles. — Raison qu'il donne de la modération qu'on lui reproche. — Sa tolérance dans les rapports ordinaires des Catholiques et des Protestants. — Comment il sait allier l'énergie du caractère à la modération. — Ses rapports avec le duc de Savoie. — Avec Henri IV : son amitié pour ce roi, son tact, sa dignité, son abnégation. — De son peu de goût pour la politique et de ce que ses sermons donnent à penser sur ce point. — Oraison funèbre du duc de Mercœur. — Regrets de François de Sales à la mort de Henri IV. — Son second voyage à Paris. — Le règne du sermon politique est fini.

CHAPITRE II

Le Missionnaire.

Lorsque, après avoir consciencieusement étudié un auteur, nous sommes sur le point de résumer nos jugements, nous éprouvons tout d'abord le besoin, pour mieux fixer dans notre esprit la véritable physionomie de l'homme et de l'écrivain, de nous reporter au temps où il a vécu, de préciser ce que le monde, l'éducation, les évènements dont il a été l'acteur ou le témoin, ont pu ajouter d'accidentel et, pour ainsi dire, de secondaire, aux traits essentiels de l'image qu'il nous a laissée de lui-même dans ses œuvres et dans sa vie.

Cette première analyse une fois faite, la part qu'il

faut donner dans nos appréciations aux circonstances et aux mœurs spéciales du moment étant bien définie, nous sommes plus à l'aise avec l'auteur pour interroger le fond même de sa nature et de son caractère, pénétrer son âme et son cœur, surtout s'il s'agit d'un apôtre.

Pour François de Sales, en particulier, on est porté tout naturellement à le dégager de ce qu'il peut ne pas devoir à lui-même. Sans trop se demander pourquoi, on recherche d'abord ce qu'il a pris à son temps et à ses contemporains, tellement on est assuré d'avance que le rapprochement tournera à son avantage, et rendra plus attachante encore l'étude des qualités intimes d'un orateur que son siècle égara si peu.

C'est pour obéir à ce sentiment que nous allons examiner, en premier lieu, jusqu'à quel point le célèbre prédicateur se soumit au joug de la scolastique qui régnait en souveraine, nous l'avons vu, dans les chaires et les écoles. Pour être complet, nous chercherons aussi à définir le côté politique de son apostolat. Nous savons combien se confondaient alors trop souvent la religion et la politique, et dans quels écarts de parole les discordes civiles ou religieuses jetaient la plupart des prédicateurs. Il importe donc, dès le début de cette étude sur sa prédication, de mettre François de Sales en face des deux écueils principaux qui attendaient, au commencement du XVIIe sièle, un missionnaire digne de ce nom, c'est-à-dire un homme, dont la science théologique devait être fort étendue et le courage indomptable, dont les luttes étaient incessantes et les ennemis sans repos.

§ I.

LES SERMONS DE SAINT FRANÇOIS DE SALES ET LA SCOLASTIQUE.

Elève lauréat des plus célèbres écoles du temps, François de Sales savait par sa propre expérience quels services la méthode scolastique, bien entendue, rendait dans l'étude de la théologie ou de la philosophie; mais il ne devait pas tarder à comprendre que cette méthode présentait pour le prédicateur des inconvénients qu'elle n'avait pas pour un écolier encore sur les bancs. Ce mode d'enseignement trop décrié pouvait aider à la gloire d'une université, mais n'était pas fait pour gouverner la chaire; l'âme apostolique de notre Saint suffisait à l'en avertir. Quel que fût son respect pour les anciens principes dont l'étude et la pratique lui avaient valu tant de succès, à Paris et à Padoue,

François de Sales orateur sut échapper presque toujours au danger d'en exagérer l'application, si toutefois il ne les abandonna pas complètement. L'on peut dire, sans crainte de se tromper que, des deux défauts de la scolastique, la sécheresse et la subtilité, le premier, tout au moins, lui fut absolument inconnu.

Sans doute, et on s'y attend, dans ses notes particulières, dans les plans ou résumés de sermons qu'il traçait pour lui-même, le savant évêque s'est rappelé souvent les leçons de ses maîtres. Mais on sent bien par avance qu'au moment de développer ses pensées à ses auditeurs, et de répandre sur eux les ardeurs du zèle qui le consume, François de Sales, apôtre avant tout, ne saura pas mouler ses exhortations dans les cadres symétriques, si fort en vogue de son temps, ou soumettre ses élans aux règles et à la terminologie d'Aristote.

Un prédicateur tel que lui vise au cœur plus encore qu'à la raison, veut embraser les âmes du feu de la charité bien plus que les enchaîner par les liens d'une dialectique austère, et, au moment de l'action, on le verra toujours se dégager de ces nœuds trop étroits. Pour lui les formules deviennent froides et paraissent stériles; il suit son inspiration, obéit aux impulsions de sa foi généreuse, et, loin d'offrir à la méditation des fidèles une de ces dissertations sèches et monotones, où se heurtaient et s'enchevêtraient les syllogismes et les divisions, il touche, ébranle son auditoire par ses accents, et le persuade d'autant mieux que ses exhortations plus chaleureuses sont moins préparées.

C'est ainsi que même dans ses plans de sermons, où devraient apparaître plus nombreuses les traces d'un combat inévitable entre son respect pour les vieilles formes et les élans de sa piété, nous voyons combien peu François de Sales était esclave de la coutume et des préjugés.

D'abord l'exorde est, en général, un peu développé; vous croiriez presque que vous allez lire un sermon complet. Cependant, une fois la question bien posée, le prédicateur n'indique guère que les textes sur lesquels il s'appuiera, dans le cours de son instruction. Il en précise le sens au moyen de quelques mots latins, de numéros, de divisions et subdivisions, de tout un appareil, qui rappellerait bien, il est vrai, les procédés scolastiques, si, pour un esprit attentif, ces textes n'étaient pas appelés plutôt par les réflexions de la piété, que par le besoin de l'argumentation.

Les divisions s'annoncent. L'orateur va-t-il les suivre et partager son discours en autant de points? Non. Quelques-unes passeront presque inaperçues; d'autres viendront peut-être les remplacer à propos d'un nouveau texte. Tous ces numéros sont moins les lignes de démarcation d'un même discours, que les points de repère d'une méditation, faite surtout aux pieds du crucifix. Dans cet aride exposé on reconnaît sans peine les éléments d'un entretien affectueux, où le dogme et la morale seront mêlés sans effort comme sans apparat. Un instant vous avez craint de retrouver dans ces lignes, tracées à la hâte, le squelette d'une dissertation et tout un échafaudage scolastique; la lecture achevée, vous seriez tenté de reprocher à l'auteur son manque de suite et l'absence de divisions bien marquées.

Prenons, par exemple, le plan du sermon pour le dimanche de la Septuagésime : *De la mission des pasteurs en l'Eglise* (1).

Les Hébreux, malgré les rapports favorables de Josué et de Caleb, ne voulurent pas entrer dans la terre promise, pour y aller, au contraire, lorsque Dieu le leur défendait. De même le malheur des chrétiens vient de ce qu'ils croient ceux qu'ils ne devraient pas croire, et qu'ils ne croient pas ceux qu'ils devraient

----

1. Œuvres du bienheureux François de Sales. MDCXL, II, 34.

Edit. 1865. — I, 121.

croire. Or, le prédicateur veut montrer « comment il
« faut fuir quelques-uns de ceux qui font profession
« d'avoir espié la lettre de l'Escriture, et comme il
« faut se rendre obeyssant à la voix de ceux, lesquels
« sont marquez à bonnes enseignes. »

Voilà l'exorde. Il est clair. Le fait est simplement
raconté, et la question se pose à l'aide d'un rapprochement des plus naturels. On connaît le but du discours ;
l'intention du prédicateur est expliquée sans détours ni
circonlocutions ; on la saisit très-bien et de prime abord.
Tel doit être un bon exorde. D'autre part rien de moins
doctoral que le style. Dès les premières lignes, François
de Sales se laisse aller à sa gracieuse imagination, et
confie à ce plan rapide des inspirations comme celle-
ci : « Seigneur arrousez de la douce pluye de vostre
« grâce ceste vostre vigne afin que la houë et la pesle
« y puissent bien entrer, rendez-la traitable et donnez
« à cet indigne vigneron la force et l'adresse d'oster
« les épines et superfluitez des mauvaises opinions
« que le temps y pourroit avoir apporté, à celle fin
« qu'en son temps elle vous rende le fruict, et le
« vigneron en puisse avoir le denier promis qui est
« ce jour de l'éternité bienheureuse » (1). Quand

1. OEuvres du bienheureux... MDCXL, II, 35. — Édit.
1865. I, 122.

l'esquisse d'un tableau présente des traits de cette fraîcheur et de ce coloris, on peut affirmer sans crainte que l'œuvre entière n'eût pas péché par la raideur des contours ou la pauvreté des couleurs. Cependant le plan ne tarde pas à devenir d'une concision voisine de la sécheresse.

Moïse étant appelé de Dieu nous montre par sa conduite quelles doivent être les garanties d'une véritable mission : 1° Il reconnaît son indignité ; 2° Il demande le nom de celui qui l'envoie ; 3° Il demande des signes.

Evidemment le sermon ne va être que l'explication de ces trois dispositions de Moïse, appliquées aux véritables apôtres. Placée immédiatement après l'exorde, cette division paraît fondamentale, et non-seulement un scolastique, mais tout prédicateur ami des règles de la rhétorique, s'y serait conformé. François de Sales essaie bien de la suivre un instant, mais après quelques mots sur la nécessité de ces marques, après une série de citations, qui prouvent, pour le dire en passant, quelle connaissance il avait de l'Écriture, il s'arrête, non sans s'appuyer encore sur des textes nombreux, au développement successif de quatre autres conclusions. Vient enfin une cinquième conséquence, sur laquelle il insiste presque autant que sur tout le

reste du sermon. Il s'agit de cette parole : « *Intra-*
« *bunt lupi rapaces in vos, non parcentes gregi; et*
« *ex vobis ipsis exsurgent viri loquentes perversa, ut*
« *abducant discipulos post se ;* » il l'analyse ainsi :
« *1° Intrabunt, non mittentur; 2° Lupi, non canes ; syl-*
« *vestres, non cogniti; feri, non pastoribus parentes;*
« *3° ex vobis ipsis, catholici, non ex calvinistis, sed*
« *contra quia prius catholici quam hæretici; 4° ut*
« *abducant discipulos; catholici non abduxerunt disci-*
« *pulos Calvini, sed Calvinus catholicorum.* » (1)

Après ce commentaire qui rappelle un peu, il est vrai,
les analyses minutieuses des dialecticiens, François de
Sales veut parler des brebis. Il le fait à l'aide de cette
transition, qui fait aussi songer aux *ergo* de l'école :

« Or il y a une autre vocation qui est commune, et
« comme chacun ne doit penser estre appellé à la pre-
« mière, aussi chacun se doit tenir pour appellé à la
« seconde : et comme ce seroit un grand péché que
« chacun se voulust mesler de la première ; aussi ce
« seroit un grand péché que chacun ne suivist la
« seconde. En somme comme c'est grand péché de
« suivre la voix des faux pasteurs, aussi est-il péché
« de n'ouyr la voix des vrais et ne leur obéyr. » (2) Et

---

1. OEuvres MDCXL, II. 37. — 1865, I. 125.
2. MDCXL, II, 38. — 1865, p. 126.

alors le saint Evêque laisse de nouveau parler l'Écriture, il lui emprunte ses exhortations les plus pressantes. Lorsqu'il a bien engagé ses auditeurs à sortir de leur « paresse » il se borne à énoncer les moyens de le faire : « Prière et contrition etc... confessions et bonnes œuvres etc... » et il termine par une de ces courtes et touchantes péroraisons qui lui sont familières.

« Courage, mes frères, tous sont appellez, tous ne
« sont pas esleus. Il ne tiendra qu'à nous, si nous
« n'allons travailler en sa vigne. Il y a de la peine ;
« mais : *non sunt condignæ passiones hujus tem-*
« *poris ad futuram gloriam.* Pour un jour de tra-
« vail, une récompense éternelle ; pour un jour
« de peine, un repos éternel là-haut en paradis :
« *Hæc requies nostra in sæculum sæculi, hic habita-*
« *bimus, si eligamus eam.* Là, nous vous louerons
« en toute éternité, si nous vous servons en cette
« briesve journée de ce monde. C'est, ô Seigneur, de
« quoy nous vous prions nous faire la grace, puisque
« vous estes le Dieu de miséricorde, Père, Fils, et
« Sainct-Esprit. » (1)

Sauf les restrictions que nous avons dû faire,

---

1. Œuvres du bienheureux... MDCXL., II, 38. — 1865, I, 127.

ce plan rapide et serré, qu'il serait difficile d'analyser complètement, tant les idées y sont pressées et les subdivisions nombreuses, légitime nos assertions précédentes. Ce n'est pas le canevas d'un discours de Bossuet ou de Bourdaloue ; non, le siècle de la simplicité dans la grandeur n'a pas commencé ; mais ce n'est déjà plus le sommaire d'une discussion d'école ; c'est trop nourri, sans pourtant toucher à la confusion. Par leur nombre, les divisions font penser peut-être aux distinctions aristotéliques, mais, par leur irrégularité même, elles excluent toute prétention de ce genre.

Malgré sa concision, le plan nous laisse entrevoir que l'idée fondamentale du discours sera celle-ci : la mission est nécessaire pour prêcher ; il y a certaines marques auxquelles on reconnaît la véritable mission ; les hérétiques n'ont pas ces marques. Telle est la pensée principale que François de Sales veut développer aux auditeurs. Elle ne ressort pas suffisamment, c'est vrai ; mais les conclusions qui se succèdent et troublent la marche du discours nuisent par leur étendue à la régularité de l'exposition ; crime sans égal pour les fanatiques d'Aristote, dont le triomphe était l'ordre et l'enchaînement dans la subtilité.

Le manque de symétrie et de proportions dans un

sermon était une violation des règles les plus élémentaires. L'auteur du plan que nous venons d'exposer le savait. C'est bien encore un écolier reconnaissant, mais il n'est déjà plus d'une soumission absolue. Le disciple, sans renier le maître, secoue quelque peu le joug; pour lui, à part quelques retours instinctifs d'une habitude trop despotique pour disparaître complétement, le cœur sera toujours l'inspirateur préféré.

D'ailleurs, nous n'étudions qu'un plan, un plan très-laconique, et l'aridité est toute naturelle en pareil cas. Ce qui importe, c'est qu'on puisse entrevoir à cette simple lecture quel dut être le discours entier devant les auditeurs.

Ainsi, comme nous avons pu le remarquer, il y a dans ce résumé si rapide quelques parties développées. C'était pour François de Sales l'habitude de procéder ainsi. Sauf un ou deux plans latins qui nous restent de lui, aucune de ses compositions n'est, à proprement parler, un simple canevas. Les premières parties surtout sont plus étendues. L'exorde paraît souvent tel qu'il a dû être prononcé. Ce qui nous autoriserait à conclure que, dans bien des cas, François de Sales avait l'intention d'écrire en entier son discours, et qu'il a dû, devant l'impétuosité même des réflexions qui l'assaillaient, se contenter d'en tracer

seulement les lignes principales. Or, s'il en était ainsi
du travail secret de la composition, que faut-il penser
du moment même de l'action. Quand un orateur n'est
pas le maître de sa pieuse imagination dans le silence
du cabinet, il lui obèit encore bien plus en chaire, et
rien n'est moins scolastique que ce laisser aller.

Pour peu qu'on poursuive l'examen, d'abord
ingrat, de cés exposés rapides et incomplets, on s'aperçoit que les parties, sans avoir les proportions voulues,
s'accordent cependant, que les lignes, un peu multi-
pliées, se suivent sans se croiser et s'interrompre ;
c'est logique, sinon régulier ; la recherche n'y est pour
rien, le pédantisme pour moins encore ; lorsque l'œuvre sera achevée, lorsque l'orateur aura développé
ses idées avec le charme et le pathétique qui l'abandonnent si rarement, le sermon sera tout aussi chaleureux, on le voit bien, qu'on aurait pu le supposer
froid et sévère.

Ce ne sont pas là de simples conjectures. En
dehors des témoignages de tous les biographes de
François de Sales qui nous rapportent les succès
prodigieux et incessants de son apostolat, succès
que le sermon scolastique, par la nature même de
sa composition, n'eut jamais obtenus, nous pouvons,
dans les plans plus étendus du même prédicateur,

prendre une idée de la transformation que subissaient sur ses lèvres ces premières inspirations.

Dans son sermon pour *l'Invention de la Sainte Croix*, après quelques mots d'explication sur ces paroles de l'Écriture : *Et lœtatus est Jonas super hedera lœtitia magna*, l'orateur invite en ces termes éloquents , les fidèles à se glorifier dans la croix :

« Or, disons donc que Jonas se réjouisse au lierre ;
« qu'Abraham fasse festin aux anges sous l'arbre ;
« qu'Ismaël soit exaucé sous l'arbre au désert ;
« qu'Élie soit nourry sous le genèvre en la soli-
« tude. Quant à nous, nous ne voulons donc point
« d'autre ombre que celle de la croix, ny d'autre fes-
« tin que celuy qui nous y est préparé ; nous y vou-
« lons adresser nos pleurs et nos cris, nous ne voulons
« d'autre nourriture que les fruicts de la croix (*absit*
« *mihi gloriari*) (1).

Ces paroles ont été prises, disent tous les éditeurs, sur l'original écrit de la main de l'auteur. Voilà donc comment François préparait ses instructions. Comme nous sommes loin des cadres et des formules !

---

1. Œuvres du bienheureux... MDCXL. *Sermon pour le jour de l'invention de la Sainte-Croix.* II, 102. — 1865, I, 378.

Pourtant la clarté est complète, et la plus heureuse transition nous conduit à la division du discours. « Qu'est-ce se glorifier en une chose ? C'est se « priser, estimer, tenir heureux et grand en icelle : « *in iis,* dit doctement le docteur angélique saint « Thomas, *unusquisque gloriatur in quibus se* « *magnum existimat.* Or, les biens, esquels nous « nous estimons grands, sont de trois sortes, à sça- « voir : de l'âme, du corps, de fortune. Qui se « glorifie en son sçavoir ; qui en sa santé, force et « beauté ; qui en sa qualité, degré et richesse. Mais « quoy ! *vanitas, vanitatum et omnia vanitas* (1). » Il le prouve pour chacun de ces biens, puis il s'écrie : « Mais en la croix de notre Seigneur, ô quelle gloire ! » Car la croix est d'abord un livre divin qui nous en- seigne la science du salut, secondement notre salut y est attaché. Ces deux points, surtout le premier, sont développés avec une rare éloquence et une véritable profondeur.

Remarquons-le, en effet, pour être moins scolas- tique que ses contemporains, François de Sales n'en fut pas moins profond docteur. De cette méthode excellente, il ne méprisait que l'exagération, mais il

---

1. OEuvres... MDCXL, II, 102. — 1865, I, 379.

aimait à puiser aux grandes sources théologiques qu'elle avait fait jaillir. La somme de saint Thomas, par exemple, était toujours ouverte sur sa table de travail. Sa raison se plaisait à sonder les mystères, que son gracieux talent imposait ensuite aux plus incrédules.

Ainsi, dès ses premiers discours, c'est en ces termes qu'il explique le mystère de la Sainte-Trinité : « En « l'incompréhensible et beaucoup plus indicible « abysme de cette éternité en laquelle régne glorieu- « sement la Majesté divine, le Père éternel, regardant « sa propre substance et infinité conceut en son enten- « dement et produisit, parla, et dit une Parole ou un « Verbe représentant et exprimant si parfaictement « sa substance, essence et divinité, qu'à ce Verbe il « communiqua sa propre essence, engendrant en « cette manière son fils aussi vrayement Dieu que « le Père et par la même divinité que le Père, si « que le fils est vrayement Dieu de Dieu, Lu- « mière de Lumière ; il est Dieu, puisqu'il a l'in- « finie divinité pour son essence et substance ; il « est Dieu de Dieu pour ce que cette essence di- « vine, il l'a receue par la féconde communication « que son Père éternel lui en fait et a fait éternelle- « ment, l'engendrant et l'enfantant de son sein de-

« vant qu'il y eust aucun Lucifer entre les anges du
« ciel spirituel et invisible (1). »

Pouvait-on, avec une langue imparfaite, être plus
clair et plus profond à la fois, sur une question aussi
relevée. Certes, s'il est dans le dogme un point difficile à développer, c'est celui qu'aborde François de
Sales ; si jamais la terminologie d'Aristote pût paraître
nécessaire, c'est à coup sûr dans des explications
semblables, et un peu d'obscurité dans le langage,
n'aurait rien de surprenant. Mais dès son début dans
la chaire, le jeune orateur échappe à ces dangers.
Ce que nous avons cité n'est pas le seul point sans
défaut de ces développements ; nous ne l'avons pas
choisi. L'explication du mystère continue en termes
peut-être plus remarquables encore : « Adam, ainsi
« qu'il est escrit au commencement de la Genèse, fut
« doué d'une telle sagesse que donnant les noms à
« chaque chose, il exprimoit fort vivement sa pro-
« priété. Mais Dieu le Père voulant exprimer et dire
« ce qu'il entendoit, considéroit et pensoit de soy
« mesme, comme s'il se fust voulu donner un nom
« propre et se nommer soy mesme, il dit un mot,

---

1. Œuvres du bienheureux... MDCXL. II, p. 2 — *Sermon
pour le jour de la Pentecôte.* — 1865. I, 429.

« une parole, un Verbe qui le représenta si naïfve-
« ment et exprima si vivement ce qui estoit en luy,
« que ce Verbe fut un autre luy-mesme, et fut vray
« Dieu de vray Dieu, non pas qu'il y eust deux Dieux,
« mais parce qu'il y eut deux personnes participantes
« d'une seule, simple, indivisible et totale divine
« essence. »

Puis il ajoute pour le Saint-Esprit : « Or le
« Père voyant l'unique et souverain bien de son
« essence tant en soy qu'en son Fils, et le Fils
« voyant le mesme unique et souverain bien tant en
« soy qu'en son Père, ne pouvant estre un souverain
« bien sans un souverain amour, saisis en cette éter-
« nité d'une pure et souveraine amitié, d'une seule et
« mesme volonté ils produisirent un amour tellement
« parfaict, qu'à cet amour ils communiquèrent la
« mesme divinité et essence, laquelle estoit commune
« au Père et au Fils.... Doncques, mes frères, dès lors,
« c'est-à-dire dès l'éternité, avant les siècles, en l'infi-
« nité, en l'abysme de la perpétuité, ce Père et ce Fils
« éternels jettant d'une mesme et seule volonté, d'une
« mesme et seule amitié, d'un seul et mesme cou-
« rage ; jettant, dis-je, par une seule et mesme bou-
« che, un soupir, une respiration, un esprit d'amour,
« ils produisirent, ils expirèrent un souffle qui est le

« Saint-Esprit, tierce personne de la Trinité, Dieu de
« Dieu, lumière de lumière, Dieu vray de Dieu vray,
« Dieu le Père, Dieu le Fils, Dieu le Saint-Esprit,
« trois personnes qui ne sont qu'un seul Dieu, une
« seule très-saincte et très-adorable Trinité (1).

Aucun prédicateur français, nous osons l'affirmer,
n'avait encore exposé dans un style plus clair et plus
élevé le dogme chrétien. Si difficiles que nous ayons
le droit de nous montrer aujourd'hui, nous sommes
forcés, pour être justes, d'admirer à quel point le futur évêque de Genève comprenait l'éloquence, plus de
cinquante ans avant les orateurs du grand siècle,
quels accents il opposait aux puérilités scolastiques (2)
des prédicateurs de la ligue, et avec quel sérieux il
débutait (3) dans la chaire où s'agitaient tant de prédicateurs pointilleux et frivoles.

1. Œuvres du bienheureux... MDCXL II, 3. — 1865,
430.

2. Voir l'argument scolastique et bouffon que les auteurs de
la satire Ménippée mettent dans la bouche du docteur Rose.
Satire Ménippée, MDXCIII, p. 91.

3. Ce sermon sur la Pentecôte n'est cependant pas, quoi qu'en
aient dit les éditeurs, le premier sermon de François de Sales. Celui
qu'il prononça après son sous-diaconat, le 24 juin 1593, était
sur l'Eucharistie, et nous l'avons malheureusement perdu. Il était
fort remarquable au dire des contemporains. On peut même en

Son bon évêque, M. de Granier, avait bien quelque raison de saluer, quelques mois auparavant, dans le jeune sous-diacre captivant déjà son auditoire par l'exposition d'un autre mystère, « un nouvel apôtre « puissant en œuvres et en paroles, disant merveilleu- « sement des choses merveilleuses (1). » On ne sait qu'applaudir le plus du théologien ou de l'orateur ; du regard profond qu'il jette sur les doctrines ou de la noble aisance avec laquelle il les aborde et les développe. Car il ne faudrait pas croire que ces traits de génie soient rares chez François de Sales. Cette éloquente clarté dans l'exposition des vérités chrétiennes lui est habituelle, et nous pourrions en trouver mainte autre preuve, aussi bien dans ses sermons que dans ses lettres et autres ouvrages (2).

---

lire de rapides analyses que les biographes ont empruntées au récit de Charles-Auguste de Sales. Nous ne parlons pas de ce que les éditeurs de MDCXLIII ont fondu dans le sermon de la Pentecôte. Ces interpolations ne méritent pas assez de confiance pour nous permettre de risquer un jugement. Les éditeurs de MDCXL ne s'étaient pas crus autorisés, paraît-il, à faire ce mélange puisqu'il ne nous ont rien laissé du premier discours de François de Sales. Cette réserve nous est, soit dit en passant, une preuve de plus de l'intégrité et de la correction de leur texte.

1. Perennès, *Histoire de St. François de Sales* I, 103.

2. François de Sales sait varier la forme de développements

Tel était donc François de Sales. S'il a connu autrefois le joug d'une dialectique trop sévère, convenons-en,

---

identiques pour le fond. Par exemple, nous avons déjà vu comment il parle de la sainte Trinité. Voulons-nous savoir comment il exposera plus tard la même doctrine, lisons son sermon pour la sainte Trinité : « Je treuve que nous pouvons souhaiter la gloire au Père, au Fils et au Sainct-Esprit, en deux façons ; ou la gloire qui leur est naturelle et essentielle, ou l'extérieur et dénominative. Premièrement Dieu le Père en l'abysme inexcogitable de toute son éternité, plein de son infinie essence, bonté, beauté et perfection, se regardant luy-mesme avec son entendement très-fécond, entendit et comprit si bien sa nature qu'en une seule conception et appréhension, il exprima toute sa grandeur, et cette conception, cette parole, ce verbe, cette diction de son cœur fut un autre luy-mesme. Desjà de soy il était glorieux, c'était toute la perfection divine : mais quoy ! voicy sa gloire, c'est qu'il se voit, il prend conoissance de soy-mesme et s'entendant, engendre son Fils tout esgal a luy-mesme..... Mais outre cela le Père voyant son Fils et le Fils voyant par soy-mesme son Père, quelle exubérance de joye ! le Père et le Fils voyent qu'ils sont réciproquement dignes d'un amour infiny, ils voyent qu'ils ont la volonté proportionnée à l'objet, ils s'ayment l'un l'autre autant qu'ils le méritent, ils s'ayment souverainement, infiniment et divinement, et cet amour suprême qui les lie ainsi l'un à l'autre, procédant du regard qu'ils ont l'un à l'autre, est une troisième personne divine esgale, consubstantielle à eux, infinie, éternelle et indépendante comme eux, qui est le Sainct-Esprit, l'amour et l'unité du Père et du Fils, et le terme sans terme de leur mutuelle complaisance et des émanations éternelles. »

Œuvres du bienheureux... MDCXL. II. 70. — 1863. I. 473

il l'a souvent secoué, et un orateur pareil sait discerner les limites qui séparent la méthode du mécanisme, la clarté de la sécheresse.

Ainsi nous le disions justement, des deux excès ordinaires de la scolastique, François de Sales évita complètement le premier : l'aridité dans la composition et le langage.

Il serait plus téméraire de dire qu'il ne subtilisa jamais. S'il prend une comparaison, volontiers il la pousse trop loin, et tombe dans la recherche ou la naïveté. Trompé par son imagination, il ne distingue pas toujours très-bien le point où finit la vraisemblance, et où commence la puérilité ;

Tout ce qui nous reste de ce sermon est dans ce ton. C'est un de ceux qui pourraient porter à croire que François de Sales ne fut pas assez méthodique ; car il est un des plus clairs, et l'on s'aperçoit sans peine que la clarté vient de ce que la division est mieux suivie que d'habitude.

Si nous voulions montrer encore combien le saint évêque se trouve à l'aise dans ces profondeurs du dogme catholique, nous pourrions citer entre autres lettres, celle dans laquelle il explique à une religieuse de la Visitation les deux principaux mystères de notre foi, par une comparaison tirée de la nature humaine. Il faut lire cette grave causerie où se peint dans toute sa souplesse et sa simplicité cet étonnant génie. Œuvres... 1865, VIII, 210, lettre 799 du recueil.

son esprit très-juste, mais très-délié, ne le met pas assez en garde contre les frivolités et les complaisances d'une vaste érudition ; mais, remarquons-le bien, le caractère même de ces négligences indique leur origine, et nous prouve combien il serait inexact de les attribuer à des influences de systêmes ou d'écoles.

S'il se complait trop dans les détails de son sujet, ce n'est pas pour viser à l'effet qu'il poursuit ainsi des comparaisons et s'attache souvent à des minuties. Les détails qu'il affectionne sont les plus simples et les plus naïfs, et il s'y laisse aller surtout dans les instructions familières.

Les fragments inédits nous en offrent plusieurs exemples. Il demandera aux religieuses, dans son instruction pour le *jour de la Purification*, ce qu'elles auraient aimé le mieux, ou d'être portées comme saint Ignace par Notre Seigneur, ou bien, comme le glorieux saint Siméon, de le porter lui-même dans leurs bras : « vous y penserez, dit-il, car ce ne sera pas une peine inutile ; » et il leur expose longuement le bonheur de ceux dont l'âme, à l'exemple de saint Ignace, qui était porté par Notre Seigneur, ne marche plus sur ses pieds, c'est-à-dire ne va plus selon ses affections, qui sont ses pieds spirituels. Puis il passe aux deux façons de porter Jésus : la première sur les épaules comme saint Christophe, ce qui n'est autre chose que vouloir souffrir, et porter ce qu'il plait à Notre Seigneur de nous envoyer ; la seconde, comme saint Siméon et Notre-Dame, entre ses bras, ce qui n'est autre chose qu'aimer le joug suave et léger de la loi de Dieu (1).

Une autre fois, ayant à prêcher sur *Notre-Dame des Neiges*, il remarquera dans la neige : 1° sa blancheur ; 2° son obéissance ; 3° sa fécondité (2).

Mais quoi qu'il en soit de ces imaginations pieuses, et de bien d'autres que nous pourrions rapporter, qui ne voit qu'elles sont dictées à saint François, comme nous le dirons bientôt, par la candeur de son esprit et par son goût pour le symbolisme ?

La scolastique ! elle n'est pour rien, ou presque rien, dans ces digressions attachantes, malgré leur longueur, et ces raisonnements, forcés peut-être, mais nullement prétentieux. François de Sales plaît même lorsqu'il est subtil. Il ne fatigue jamais ; il effleure quelquefois l'écueil, contre lequel se heurtent tous ses contemporains, mais les lecteurs le lui pardonnent ; le

---

1. OEuvres, 1865, II. Fragments inédits. — *Instruction pour le jour de la Purification.* p. 311.

2. *Fragment d'une homélie pour la fête de Notre-Dame des Neiges.* 1865. II. 350.

souffle qui les y porte avec lui est si doux et si car-
ressant ! Ils lui savent gré de les mener, serait-ce au
même but, par d'autres chemins que la route commu-
nément suivie. Ils se rappellent l'engouement qu'on
avait encore pour une méthode, ou plutôt les abus
d'une méthode utile mais mal appliquée, et ils s'étonnent, à bon droit, qu'avec son érudition vraiment immense, l'évêque de Genève ait moins que tout autre marché
dans une voie si propre à l'étalage de la doctrine ou
aux savantes dissertations. Quelques phrases embarrassées, quelques divisions subtiles, laissées dans les
sermons, bien plus comme le cachet du temps, que
comme les traces d'un système, heureusement abandonné, voilà ce qu'on peut lui reprocher. Ce n'est
suffisant, ni pour le faire descendre au rang des sermonnaires secs et pédants du xve siècle, ni pour le
faire ressembler à ces prêcheurs précieux de la cour
de Henri IV, n'interrompant que par les saillies de leur
humeur le lourd et laborieux enchaînement de leurs
discours. L'évêque de Genève ne connaît pas plus la
raideur des uns que les raffinéments des autres. Qu'il
l'ait voulu ou non, il est le premier ennemi d'un
genre qu'on délaissera un jour. Les abus, malgré l'illusion du temps, ne trompent pas sa ferme raison, et par
là même qu'il a eu le jugement assez sûr pour donner

à sa prédication une autre impulsion, il la communique à celle des autres.

Dans ce monde de dialecticiens, il sut un des premiers faire parler au cœur de l'apôtre son véritable langage, et retrouver la juste notion de l'enseignement chrétien. Son exemple fut évidemment d'un grand poids ; ses succès apostoliques, qui tenaient du miracle, lui valurent beaucoup d'admirateurs et de disciples, aujourd'hui inconnus. Sa méthode fut suivie, sans nul doute ; si elle ne fit pas autorité au moment même, elle fut au moins une première protestation. On recommença à savoir ce qu'étaient ces qualités oubliées, la simplicité et l'onction. La voie était ouverte, dans laquelle allaient se presser tous ceux qui contribueraient à réformer l'éloquence. Bossuet et Bourdaloue la suivront à leur tour. Aidés dans leur marche par quelques devanciers, plus ou moins obscurs, ils n'auront qu'un pas de plus à faire pour toucher au terme qu'on ne dépassera jamais ; et ils pourront saluer en François de Sales, l'un, le moraliste modèle, l'autre, le théologien consommé, tous les deux, un prédécesseur.

Lorsque Joseph de Maistre vantait l'esprit lumineux de François de Sales, il était l'interprète de tous ceux qui le connaissent tant soit peu. Clarté constante, simplicité, onction, ne sont-ce pas là tout autant de caractères qui excluent l'habitude du système et l'amour de l'artifice? Ajoutons ce soin d'en arriver toujours à des conclusions morales, cette horreur de l'ostentation, ce besoin d'épanchement qui fait le fond de l'éloquence de notre prédicateur, et nous demeurerons bien convaincus que François de Sales n'était pas homme à se complaire dans la vanité de son esprit ou les nuages de sa pensée, comme les sermonnaires de son temps, et les théologiens que blâmait déjà au xiiie siècle Jacques de Vitry (1).

Non, si par la scolastique nous entendons cette espèce de dialectique pratiquée encore à la fin du xvie siècle, et qui avait cessé d'être une méthode pour n'être plus qu'un procédé, François de Sales n'en fut pas le partisan. Sans doute il aimait la méthode et il l'a dit : « Il faut tenir méthodo sur toutes choses, il n'y a » rien qui ayde plus le prédicateur, qui rende sa prédication plus utile, et qui agrée tant à l'auditeur. » Mais il se hâtait d'ajouter : « J'approuve que la méthode » soit claire, manifeste et nullement cachée, comme

____

1. *Nonne videtur in vanitate sensus ambulare et obscuritate mentis ingredi, qui diebus ac noctibus in arte dialectica torquetur ?*

Biblioth. Nat. Mss. Lat. 17,509, f° 31.

« font plusieurs qui pensent que ce soit un grand coup
« de maistre que nul ne cognoisse leur méthode. » (1)
C'est toujours la clarté et le naturel qu'il recommande ;
il y revient sans cesse. Par le choix que fit de lui
Henri IV pour écrire une méthode de vivre chrétien-
nement, qui fut « *exacte, judicieuse, et telle que chacun pût s'en servir,* » et par le succès du traité qui
répondit à ce désir, on peut voir si François pratiquait
lui-même les conseils qu'il adressait aux autres.

Les développements qu'il donne dans sa lettre, à
cette idée de la nécessité d'une méthode, nous mon-
treraient au besoin, malgré le nombre des divisions
qu'il suggère aux prédicateurs sur différents sujets,
jusqu'à quel point il poussait l'amour de la simplicité.
S'il touche à la naïveté, faut-il s'en étonner de la
part de l'homme pour qui « le souverain artifice était
de n'avoir point d'artifice », (2) et qui dans ce siècle

---

1. OEuvres complètes... 1865. — *Lettre à l'archevêque
de Bourges*. I. p. XXXVI.

« *Super omnia methodus observanda est, nihil est quod
« œque juvet prædicantem, et prædicationem ejus utilem
« reddat, et placeat auditori. Probo equidem ut methodus
« clara sit et manifesta, ac nequaquam occulta, ut est non
« paucorum, qui magnum se præstitisse credunt, cum
« fecerint ut nemini prospecta sit methodus sua.* »

2. OEuvres... 1865. I, p., XL.

affolé d'érudition, trouvait que le prédicateur « sçait toujours assez quand il ne veut pas paroistre scavoir plus que ce qu'il sçait. » (1) Avoir ces sentiments, les justifier par la pratique et les succès les plus éclatants, c'était frapper d'un coup décisif l'échafaudage vermoulu des vieux systèmes, et condamner à tout jamais leurs stériles applications.

§ II

SAINT FRANÇOIS DE SALES PRÉDICATEUR ET LA POLITIQUE.

François de Sales ne donne donc pas dans les travers de la scolastique, autant qu'aurait pu le faire craindre sa longue et laborieuse pratique des écoles. Mais était-ce bien là le plus grand danger qu'eût à courir, dans l'exercice de ses fonctions apostoliques, le célèbre prélat ?

Ordonné prêtre en 1593, alors que se débattaient, dans un suprême et violent effort, les orateurs de la Ligue, alors que l'exaltation politique des Seize au désespoir souillait la chaire chrétienne de toutes les profanations, François de Sales n'allait-il pas, à son

______

1. *Lettre à l'archevêque de Bourges*, Œuvres... 1865. — I, p.. XXVII.

Hoc unum dixero sat superque scit prædicator simodo videri non velit plus scire quam sciat.

tour, sinon connaître ces excès, du moins céder quelque peu à la tendance générale dont ils étaient la conséquence lamentable, et mêler dans ses sermons la religion avec la politique ? Il avait quitté Paris au moment où fermentaient déjà dans cette ville les germes des discordes fameuses qui suivirent, et c'est à l'heure même des plus grands entraînements qu'il arborait, dans la capitale du protestantisme, l'étendard de la foi catholique, et vouait sa vie entière à l'apostolat des régions les plus travaillées par l'hérésie. A combien d'écueils, de périls et de tentations ne fallait-t-il pas s'attendre dans l'accomplissement d'un pareil devoir ? La liberté de conscience de ceux qu'il protégeait, les persécutions des adversaires qu'il évangélisait, ses droits personnels, l'indépendance de son diocèse, la revendication des biens de son église, allaient l'amener sans cesse, on le prévoit, à défendre par la politique, les libertés et les privilèges de la foi qu'il proclamait en chaire. Il aurait à traiter avec les princes et les grands, à plaider devant le sénat de Savoie ou le parlement de Paris, à correspondre avec le Pape et les rois, et pour peu qu'il eût en germe le défaut commun à ses contemporains et à ses devanciers, n'était-il pas à craindre qu'il y succombât ? A force de juger l'erreur au point de vue de ses usurpations et de ses injustices matérielles, on court risque de perdre insensiblement la mansuétude que donne au cœur du prêtre le but surnaturel de sa vocation. Dans la confusion souvent inévitable des intérêts religieux et temporels qu'il avait à soutenir, à travers ses voyages et ses démarches sans nombre, toujours en face d'ennemis ou devant des protecteurs, notre missionnaire saurait-il garder, soit dans la soumission, soit dans la résistance, cette juste mesure qui convient à un vrai disciple de Jésus-Christ ?

Nous oublions trop, avec la délicatesse de nos mœurs et la susceptibilité de notre goût, combien un prédicateur, à la fin du xvie siècle, pouvait se croire autorisé à flageller, du haut de la chaire chrétienne, ses adversaires, si puissants qu'ils fussent, dans un style que la tribune elle-même ne supporterait pas aujourd'hui. Mais pour qui remonte à l'origine malheureuse de ce genre désastreux, et des prêcheurs Armagnacs et Bourguignons descend, à travers ces deux siècles si tourmentés de notre histoire politique et religieuse, jusqu'aux sermonnaires de la Ligue, il est facile de comprendre comment sous l'empire d'une telle habitude on arrivait même avec les meilleures intentions, à perdre le sentiment de la douceur

douceur évangélique dans l'exercice sacré du ministère de la prédication.

Hâtons-nous cependant de le dire à la louange de François de Sales, si grand que fût le danger, il y échappa complétement.

Jamais, au rapport de Charles Auguste, (1) François de Sales ne s'aliéna l'esprit des hérétiques par des qualifications injurieuses ou diffamatoires ; il ne parlait point contre eux en chaire avec un ton de colère, d'indignation ou de mépris. Presque tous les sermons qui nous restent de lui sont plus ou moins dirigés contre les hérétiques. Il est rare que nous n'ayons pas à noter, en les parcourant, soit une allusion aux doctrines prêchées par les novateurs, soit une argumentation directe contre eux, soit une objection, soit une réponse, et jamais l'évêque de Genève ne s'écarte de la règle de douceur qu'il s'était tracée.

Il est même quelques instructions de saint François qui ne sont qu'une discussion dogmatique contre les protestants. Prenons, parmi ces dernières, le sermon sur la *Visibilité de l'église* (2) ; nous verrons que

---

1. Charles Auguste. Livre III.

2. OEuvres du bienheureux François de Sales, MDCXL, II, 134. — 1865, II, 170.

tout y est consacré à la discussion des points de doctrine, que rien n'est accordé aux personnalités.

La question est d'abord posée en termes simples et
inoffensifs.

Ceux qui se sont séparés de l'église ont donné à
leur résolution divers prétextes contradictoires. Les
uns ont dit qu'elle était invisible, les autres ont avoué
qu'elle était visible, ajoutant toutefois qu'elle pouvait
se cacher quelque temps. Ce qui expliquait pourquoi
leur église paraissait nouvelle, tandis qu'elle n'était que
l'ancienne église un moment éteinte et maintenant res-
suscitée. C'est ainsi que les uns jugeaient l'église assez
parfaite pour être toute spirituelle et invisible ; les
autres, au contraire, la trouvaient si imparfaite qu'ils la
croyaient corruptible, semblables à ces premiers hérétiques, qui, tour à tour, divinisaient notre Seigneur
au point de nier son humanité, et « l'humanisaient »
au point de nier sa divinité.

Tel est le fond du sujet exposé avec cette clarté et
cette modération dans le langage qui sont les premières
qualités d'une bonne controverse. Un seul mot sévère
pour l'erreur, mais sans aucune allusion personnelle,
termine cette entrée en matière : « Mais tout cecy ne
« sont qu'occasions recherchées pour pallier et mar-
« quer l'abomination de la division qu'ils ont faicte

« en l'Eglise. »

Notre prédicateur procédera toujours ainsi ; impitoyable sur la doctrine, il ménagera soigneusement les personnes. Distinction importante, que l'on ne faisait pas assez et qui eût épargné à la France bien des guerres et bien du sang, si tous s'y étaient montrés fidèles autant que François de Sales.

Examinons le reste du discours. L'orateur expose avec netteté et force les arguments, tirés de la sainte Ecriture, en faveur de la visibilité de l'église, sans se laisser aller à la véhémence ou à l'acrimonie. Les hérétiques ne sont guère désignés que sous le nom d'adversaires. Les termes les plus désobligeants sont des exclamations comme celle-ci : « Mais où est-ce que nos adversaires ont l'esprit en cet endroit ?... » Si naturelle que nous paraisse aujourd'hui cette réserve, rappelons-nous qu'alors les chaires résonnaient encore des invectives que se renvoyaient les partis, et nous comprendrons combien il était beau de voir l'apôtre du Chablais unir sans cesse la rigueur du raisonnement à la douceur de l'expression.

Certes, il sait presser un adversaire. « Mais quoy, — « dit-il encore aux hérétiques dans ce discours, dont « nous possédons de trop courts fragments, — mais quoy « qu'appellez-vous Eglise ? n'est-ce pas une assemblée

« d'hommes? ouy, certes, non d'anges : dites-moy où
« est la vraye prédication, sinon en l'Eglise? et où la
« chercheray-je, si je ne sçay où est l'Eglise ?
« Où est la vraye administration des sacremens,
« sinon en l'Eglise ? et où voulez-vous que je les
« cherche si cette Eglise est invisible et cachée ?... Si
« elle est invisible, où est-ce qu'on peut la chercher,
« où l'ont-ils treuvée, qui la leur a enseignée? Ah!
« mes frères, c'est le dessein du diable de la rendre
« invisible, afin de nous soustraire de son obéyssance,
« afin de nous oster la liberté de nous réfugier vers
« elle ; et à elle le pouvoir de nous parler, nous
« instruire, nous monstrer nos fautes, de nous corri-
« ger et nous mettre dans nostre devoir (1). »

La controverse du grand siècle s'annonce ; cette
méthode de discussion où rien n'est donné à l'injure,
au mépris, mais tout à la défense de la vérité, sans
paroles inutiles et oiseuses, avec décision, force et
justesse, était admirablement suivie par le saint apôtre
qui savait si bien toucher et persuader. Au milieu de
ces discussions modérées, il trouve des accents qui
vont droit au cœur. Au moment où il vient de convaincre ses adversaires d'erreur, lorsqu'il eût été na-

______

1. Œuvres.... MDCXL, II, 137. — 1865, II, 175.

turel de se montrer sévère et de maudire la division
fatale causée par ces sectaires, le Bienheureux gémit
sur leur sort ; tout ce que son âme ressent se traduit
par ce cri miséricordieux, qui semble comme un par-
don appelé sur ceux qu'il combat :

« Ces pauvres desvoyez sont semblables aux
« apostres lorsqu'ils se trompoient en Nostre Seigneur,
« qui se treuvant au milieu d'eux et leur disant : *Pax*
« *vobis*, encore croyaient-ils que ce fust un fan-
« tosme. » (1).

Ce que nous avons fait pour ce discours, nous aurions pu le faire pour bien d'autres, pour tous ceux
qui touchent à la controverse, et ce sont les plus
nombreux (2). Nous aurions eu toujours les mêmes
remarques à exprimer. On est constamment sous le
charme de la douceur ; partout les preuves abondent
de la prédilection de François pour cette belle vertu.
Il en était venu à la croire la seule nécessaire, et sur
la fin de sa vie, il écrivait : « J'ai toujours dit que
« quy presche avec amour presche assez contre l'hé-
« rétique, quoiqu'il ne dise pas un mot de dispute

---

1. Œuvres.... MDCXL, II, 137. — 1865, II, 176.

2. Voir entre autres le discours qui suit sur *la Perpétuité
de l'Eglise.*

« contre lui. » (1) Et nul cependant ne l'égalait pour la défense de la vérité. Sa science théologique était immense, sa dialectique aussi claire que serrée. Les protestants le regardèrent toujours comme leur adversaire le plus terrible, et son éternelle gloire sera d'avoir été en même temps le plus modéré.

Il faut lire surtout cet admirable livre des *Controverses*, presque miraculeusement découvert plus de trente années après la mort de son auteur (2), et qui a pour nous, outre l'avantage d'une authenticité non douteuse, l'intérêt de véritables sermons. Ces cahiers écrits de la main du Saint, qu'il faisait imprimer en feuilles volantes et distribuait ensuite, toutes les semaines, dans les familles, étaient destinés à instruire ceux auxquels il était défendu d'aller entendre le prédicateur apostolique-romain. Cette destination nous est attestée par les contemporains de la façon la plus formelle (3), et, du reste, les discours qu'ils contiennent ont tous

---

1. Œuvres de François de Sales, 1865, VI, p., 465, Lettre à une veuve.

2. Lire les attestations des contemporains en tête du recueil. Œuvres.... 1865, II, 391, et pages suivantes.

3. Entre autres par François, marquis de Sales, filleul, neveu et héritier de la maison du Saint.

les caractères des instructions paternelles de l'Évêque
de Genève. C'est donc là qu'on peut aller mesurer la
portée des coups qu'il savait donner avec la seule arme
du raisonnement, et qu'on peut s'assurer de la justesse des remarques déjà faites sur les sermons.

C'est ainsi, pour y choisir un exemple, que l'Évêque de Genève condamne les hérétiques, tout en com-
patissant à leur sort. Après avoir prouvé que, faute de
mission, tous les ministres de la nouvelle et prétendue
Église sont inexcusables, il dit : « Il faut inférer des
« choses dites cy dessus, que l'estat de vos ministres,
« qui n'avoient point les conditions requises pour mé-
« riter le rang qu'ils vouloient tenir, et conduire
« l'entreprise qu'ils ont faite, les rend inexcusables et
« vous aussi qui les suivez et qui sçavez encore, ou
« devez sçavoir, que par défaut de mission vous avez eu
« grand tort de les recevoir à telles enseignes... » Et
plus loin : « Mais quelle injustice n'avez-vous pas
« commise, les croyant si légèrement ? Comment vous
« estes-vous arrestez si simplement à leurs parolles ?
« Comment leur avez-vous peu donner une si prompte
« crédulité ? Si vous les avez receus pour des légats
« et ambassadeurs, ils devoient estre envoyez, ils de-
« voient avoir des lettres de créance de celuy dont il
« se vantoient estre advouez. Les affaires estoient de

« très-grande importance, il s'agissoit d'un remuement
« général de toute l'Église, et les personnes qui entre-
« prenoient une chose si extraordinaire estoient de
« basse qualité et mesme privée. Les pasteurs ordi-
« naires estoient des gens de marque et de très-an-
« cienne et authentique réputation, qui leur contre-
« disoient et protestoient que ces extraordinaires
« n'avoient point de charge ni de commandement du
« Maistre. Dites donc, de grâce ! quelle occasion
« eustes vous de les ouyr et de les croire, sans avoir
« aucune asseurance de leur commission ny l'adveu de
« Nostre Seigneur, dont ils se disoient les nonces et les
« apostres ? C'est, en un mot, avoir laschement aban-
« donné l'Église ancienne en laquelle vous avez esté
« baptisez que d'avoir creu à des prescheurs qui
« n'avoient point de mission légitime du Maistre et
« n'en pouvoient avoir d'eux-mêmes, ni de vous en
« aucune façon ; vous ne le pouvez ignorer. » (1)

On voit que la douceur de François de Sales
n'était pas de la faiblesse, ni son indulgence de la
timidité, comme on le lui reprochait trop souvent.

Lui aussi a connu l'indignation : cette généreuse
ardeur d'une foi blessée dans ce qu'elle a de plus

---

1. Œuvres. *Controverses* II, 409 et 410.

cher. Souvent son style se colore, s'anime, et son âme
s'élève jusqu'à une véritable éloquence (1). Le ton
est noble et véhément comme il appartient aux cœurs
ardents et profondément remués. Le langage respire le
zèle, mais un zèle plein d'amour, et jamais dans ces
discours trop peu connus l'injure ne vient ternir la
limpidité du raisonnement ou diminuer sa puissance.
L'amour des âmes l'emporte toujours sur les premiers
mouvements d'un esprit offensé dans sa foi, parce
que c'est un apôtre qui parle et non pas un ennemi.

Que d'autres dans une irritation bien naturelle,
mais toujours opposée à la charité chrétienne, recou-
rent aux invectives. Que tous autour du prélat, avant
et après lui, rendent ou provoquent des attaques ou-
trageantes, flétrissent l'erreur dans un style qu'ils
auraient dû lui laisser, qu'ils apostrophent, qu'ils
injurient, notre prédicateur ne les imitera pas. Cette
méthode, que l'intention excuse peut-être, mais que
les résultats condamnent, ne sera jamais la sienne.

Libre à Pierre de Besse d'appeler les hérétiques,
« loups, pestes, furies, ministres de Satan » ; de

1. V. la fin du discours XIII. — *Controverses*. OEuvres...
1865, II, p. 450.

trouver leur réforme « toute composée de diable-
ries... de fanfreluches! » (1).

Libre à lui de raconter en ces termes la mort des
hérésiarques :

« Luther mourut plus doucement, car aïant bien
« chopiné et farcy la panse à un souper, sans autre
« cérémonie, il alla coucher en enfer. Zuingle, com-
« battant contre les catholiques, fut abattu armé de
« toute pièce au rapport de Cocleus. Le diable égor-
« gea Carolostade, à ce que disent les ministres de
« Basle. Et toi Calvin, le plus malheureux de tous,
« ne mourras-tu pas d'une mort malheureuse ? Il fut
« rongé des vers comme un Hérode, un Antiochus, un
« Maximin et invoquant les diables à la fin, tout en-
« ragé et désespéré rendit la vie (2). »

Que Valladier, de son côté, appelle ses adversaires
« d'exécrables menteurs, des cerveaux démontés, des
« satrapes de l'Enfer (3). » Que le Père Gonthier, devant
le roi, s'oublie jusqu'à traiter les protestants « de ver-
« mines, de canailles (4). » D'autres feront écho et les
appelleront à leur tour : « cœurs incirconcis, engeance

1. *Premières conceptions théologiques pour le Carême*.
Paris, 1606, p. 176.

2. Id., page 101.

3. *Saincte philosophie de l'âme* — Edit. 1626. p. 364.

4. Lestoile. — II, 549.

« de vipères, membres pourris, tisons d'Enfer, enfants
« du diable, (1) » mais bien différente sera la polémique
de François. Lui, à qui l'œuvre de Calvin a coûté tant de
larmes et de fatigues, qui l'a démasquée avec le plus
d'autorité et de puissance, qui a soulevé de la part des
hérétiques les plus folles colères, supporté des persécutions sans nombre, reçu les plus violents outrages, il n'aura dans le cœur qu'amour et respect pour des ennemis
qu'il appellera ses frères, et des persécuteurs dont le
salut fera sa suprême ambition. Pour les combattre il
s'armera surtout d'une admirable patience, et ses succès
seront si nombreux qu'on oubliera qu'il sait convaincre
à l'égal « du solide et sçavant cardinal du Perron » (2)
pour ne songer qu'à ses triomphes sur les cœurs. Nul
n'a jeté dans les esprits troublés par l'erreur de plus
cuisants remords ; mais à l'instant il les rendait salu-
taires par l'émotion qu'il savait communiquer à l'âme

---

1. C'est le bon évêque de Belley qui rapporte lui-même ces
expressions si peu charitables, pour les opposer à cette appellation
de *frères*, dont notre prédicateur aimait tant, au contraire, à se servir.
Esprit de Saint François de Sales. — Art. VII, sect. 6.

2. On disait à cette époque : « qu'il fallait envoyer les hérétiques
au solide et sçavant cardinal du Perron pour les convaincre, et à
M. de Genève pour les toucher. » On sait pourtant que le cardinal
du Perron et le cardinal de Berulle le considéraient comme le
plus savant théologien de son temps. *Vie de St-François de
Sales*, par M. Hamon t. II. p. 30.

tout entière ; l'orgueil était vaincu par la charité, et les hérétiques sortaient de ses sermons pour aller pleurer à ses pieds leurs égarements. Les multitudes se pressaient sur ses pas ; on accourait de tous les points pour l'entendre et le ciel bénissait ses travaux incessants par des conversions qui tenaient du miracle. Aussi, appuyé sur sa belle expérience, se trouvait-il bien fort contre ses détracteurs, et refusa-t-il toujours, malgré les conseils ou les critiques, de sortir de la voie de douceur et de modération qu'il s'était tracée. Quand on a lu attentivement ses sermons, on en est à signaler comme violentes des paroles telles que celles-ci :

« Mais voicy une chose estrange ; vous ressou-
« venez-vous pas que quand David sonnoit de la
« harpe, le malin esprit se retiroit de Saül, comme
« vaincu par la douce mélodie de cet instrument :
« ainsi ce malin esprit, ennemy conjuré de tout ac-
« cord et union, estant entré en possession de certains
« cerveaux légers, discordants et sans harmonie, par-
« lant par leurs bouches, il dit mille injures et blas-
« phesmes contre l'usage de cette saincte saluta-
« tion. »

Ou bien encore : « O les misérables esprits, ils
« gagneroient mieux de dire tout en un mot que c'est

« mal fait, pour ce que l'Eglise le leur commande,
« laquelle ne fait rien à leur gré » (1).

Certes il faudrait être sévère pour trouver, même aujourd'hui, ce passage répréhensible, et cependant il contraste avec le ton habituel des sermons. Dans ce siècle encore tout ému des secousses de la veille, si peu résolu à la séparation religieuse, quand les plus modérés se traitaient bien autrement, il faut le dire à la gloire de notre orateur, ces expressions, si peu amères qu'elles soient, nous choquent sur ses lèvres.

Quelle angélique figure que celle de cet apôtre, champion infatigable de la vérité méconnue et persécutée, qui reçoit tous les coups sans se plaindre, subit toutes les injures, affronte toutes les persécutions ; pourquoi ? pour sauver des âmes, sans autre arme que sa tendresse (2) !

Rien ne le rebute, rien ne l'arrête ; son amour pour

---

1. Œuvres, MDCX. — II. — 27.
     —   1865. — II. — 254.

2. Même lorsqu'il développe devant des religieuses les vérités du dogme catholique, le Saint ne se départ pas de sa mansuétude habituelle au sujet des hérétiques. Tout au plus s'il se permet, et encore est-ce bien rarement, de les appeler *rêveurs et misérables*, ce qui, dans la langue du temps, veut dire malheureux.

Fragm. inédits. Œuvres... 1865. — II. — 290.

ses ennemis croît avec leur haine, et, heureux de souffrir pour la cause de l'Eglise, il s'estimerait coupable de se venger par un murmure, de flétrir par un sarcasme, ceux qu'il terrasse de sa doctrine.

Une fois cependant, s'il faut en croire son biographe, dans la chaleur du discours il se laissa aller à appeler Calvin « ce punais » (1). Les auditeurs manifestèrent leur stupéfaction en faisant un signe de croix, à l'instant même, tant cette parole leur parut audacieuse et surprenante sur les lèvres du Saint, et nul doute qu'il ne l'ait regrettée extrêmement, si les autres l'approuvèrent.

On peut en juger par la réponse qu'il fit un jour à des amis lui reprochant une douceur bien propre, disaient-ils, à faire croire aux protestants qu'il les craignait. L'apôtre se contenta de leur faire observer que l'expérience lui avait appris depuis longtemps qu'on obtient plus de succès par la douceur que par la violence. « Je ne me suis jamais laissé aller, disait-
« il, à une invective ou à un reproche sans avoir à
« m'en repentir. Si j'ai été assez heureux pour ra-
« mener quelques hérétiques, c'est la douceur qui en

1. Perennès. — *Histoire de Saint François de Sales*, T. I, livre III, chap. XIII, p. 309.

« a fait la conquête. L'amour et l'affection ont plus
« d'empire sur les âmes, non-seulement que la sé-
« vérité et la rigueur, mais que la force même des
« raisons. » (1)

Un autre jour désapprouvé par quelques catholiques
à cause de la modération qu'il avait opposée aux injures du ministre La Faye, il répondit que Notre
Seigneur reprenait avec sévérité les obstinés, mais
qu'il enseignait aimablement la véritable doctrine, il
leur assura qu'il ne s'était jamais servi de répliques
piquantes ou de paroles contre la douceur, qu'il ne
s'en soit repenti. Les hommes se gagnent plus par
l'amour que par la rigueur. Il était venu en ce pays
pour instruire les ignorants; ne devait-il pas prendre
pour modèle de ses paroles et de ses actions l'admirable et très-prudente méthode de la souveraine
sagesse de son maître qui ne saurait se tromper?
N'est-ce pas le portrait qu'il devait imiter? Nous ne
devons pas seulement être bons, mais très-bons (2).

On ne s'en tint pas aux conseils. Son ami, l'Evêque
de Belley nous parle d'une pétition adressée à

---

1. Le père Louis de la Rivière. — Liv. ii, chap. 13,
page 164 et suiv.

2. Cambis, tome i. — 195 et 196. cité par Pérennès.

«**M.** l'Evesque contre M. le Prévost» qu'on désespérait
d'amener à une méthode moins indulgente. Mais tout
fut inutile : l'homme de Dieu demeura fidèle à son
inébranlable résolution et continua à s'interdire scru-
puleusement tous propos injurieux ou amers. Lorsqu'un jour on donnera des ordres pour faire le vide
autour de sa chaire, il écrira des discours aux hérétiques et leur dira en les leur annonçant : « Après
« tout j'oze vous asseurer, que vous ne lirez jamais
« d'escrits qui vous soient donnez par un homme
« plus affectionné à vostre bien spirituel que je le suis ;
« Et je puis bien dire que je ne recevray jamais de
« commandement avec plus de courage que celuy
« que Monseigneur le révérendissime notre Evesque
« me fit quand il m'ordonna, suivant le sainct désir
« de son Altesse sérénissime, dont il me mit en main
« la lettre de Jussion, pour venir icy vous porter la
« saincte parolle de Dieu. » (1)

Et il termine ainsi cette même préface : « je vay
« donc commencer au nom de Dieu ; lequel je
« supplie très-humblement de faire couler tout dou-
« cement la saincte parolle, comme une fraische
« rosée dans vos cœurs, et je vous prie, Messieurs

----

1. *Controverses.* OEuvres. — 1865. II. 398.

« de vous ressouvenir, et ceux qui liront cecy, des
« parolles de Sainct Paul, que *toute amertume, ire,*
« *dédain, crieries, blasphesmes et toute malice soient*
« *ostés de nous et de vous !* »

Pour les rapports des catholiques et des protestants la tolérance de François de Sales était égale
à sa mansuétude dans la chaire.

Intrépide dans la revendication des droits du
catholicisme, il résiste aux menaces, apaise les foules
mutinées, brave les colères et les persécutions pour
obtenir justice, mais il allie toujours à ce courage, la
modération d'un esprit ami de la justice et fort de son
droit.

A des syndics, envoyés pour lui demander de quel
droit il osait célébrer la messe dans leur ville (1),
il répond : « Vous n'avez pas le droit de vous oppo-
« ser à l'exercice du culte catholique, et vous ne
« devez pas plus nous troubler dans l'exercice de
« notre religion que nous ne nous opposons à
« l'exercice de la vôtre. »

Puis, rendant compte de cette affaire au duc de
Savoie, il explique qu'on ne fait point de tort aux
hérétiques puisqu'on se borne à essayer de les rame-

---

1. Perennès. — *Histoire de Saint François de Sales*, ɪ, 242.

ner *par la persuasion* à l'état primitif dont ils avaient été tirés *por la force*. Il ajoute : « je vous « dirai librement ce que je pense ; il importe beau- « coup qu'en laissant, conformément au traité de « Nyon, la liberté des consciences à ces peuples, « vous favorisiez de tout votre pouvoir les catholiques « et ordonniez que personne ne songe à troubler « ceux qui embrassent et propagent la vraye foi. »

Mais ceci nous amène à envisager le côté, à la fois politique et religieux, de la vie de François, c'est-à-dire, ses rapports avec le pouvoir et les gouverne-ments, et à examiner quelle fut sa manière d'agir dans ces délicates questions que le besoin de sa cause ou l'affection des souverains l'appelaient à traiter devant eux.

Les relations de François de Sales et de Henri IV commencèrent en 1599 avec l'affaire du marquisat de Saluces.

Au commencement de cette même année, le roi de France avait adressé aux conseillers du parlement ces paroles restées célèbres : « Je sçay que l'on « a faict des brigues au parlement, que l'on a « suscité des prédicateurs séditieux. Mais je donnerai « bien ordre contre ces gens là et je ne m'en atten- « drai pas à vous. On les a châtiés autrefois avec

« beaucoup de sévérité, pour avoir prêché moins
« séditieusement qu'ils ne font. C'est le chemin qu'on
« a pris pour faire les barricades et venir par degrés
« au parricide du feu roi, je couperai les racines à
« toutes ces factions, je ferai accourcir tous ceux qui
« les fomenteront ; j'ai sautté sur des murailles de
« ville, je sautterai bien sur des barricades. On ne doit
« point alléguer la religion catholique, ni le respect
« du Saint-Siège. Je sais le devoir que je dois, l'un
« comme roi très chrétien, l'autre comme premier
.« fils de l'Eglise : Ceux qui pensent être bien
« avec le Pape s'abusent ; j'y suis mieux qu'eux,
« quand je l'entreprendrai je vous ferai déclarer tous
« hérétiques pour ne m'obéyr pas. » (1)

Ces sévères et justes remontrances prouvent assez
quelles traces profondes les prêcheurs de la Ligue
avaient laissées de leur fatale influence, et combien leur
genre détestable était loin d'avoir disparu de la
chaire.

Quoi qu'il en soit, à cette date, la vie politique
de François de Sales s'était bornée à des rapports dis-
crets et polis avec son souverain, le duc de Savoie.

---

1. Mathieu. — *Hist. de France,* liv. ii, narrat. i, fol. 102.
Paris, 1605, cité par M. Poirson. *Hist. du règne de Henri IV.*
t. II. p. 519.

Chaque fois qu'il eut à implorer son aide et son appui pour le succès de sa mission et contre les manœuvres déloyales de ses persécuteurs, il usa de la plus grande réserve, témoigna d'un respect plein de modestie et de noblesse, et sut apporter dans ses requêtes autant de délicatesse que d'énergie.

Nous avons déjà vu quelle mesure il mettait dans ses réclamations, sur quels principes il s'appuyait, de quels actes politiques il aimait à s'autoriser auprès des souverains, et, pour le dire en passant, ce n'est pas l'homme qui avait sans cesse à la bouche l'édit de Noyon et plus tard l'édit de Nantes, qu'il faut accuser d'intolérance. Qu'on se rappelle l'absolutisme exorbitant des sectes qu'il avait à combattre, l'oppression continue dans laquelle gémissaient les catholiques qu'il avait à consoler et à fortifier dans leur foi, et l'on verra que certaines démarches, au premier abord peut-être indiscrètes, n'étaient que fort justes, que dans les rares appels qu'il fit à la rigueur auprès du duc de Savoie, il usa de son droit de légitime défense, et combattit plus encore pour l'ordre que pour la religion (1).

---

1. « Je suis très-loin, on le croira, dit M. Sainte-Beuve, de » faire de saint François de Sales un persécuteur : sa bénignité » personnelle était infinie, le reste appartient au siècle. » *Port-Royal.* — T. i, p. 27.

Il est vrai que la bienveillance du prince répondait à cette conduite ; mais le désir de plaire aux rois n'était pour rien dans les habitudes de notre missionnaire. Au lieu de les lui supposer dictées par la reconnaissance et surtout par l'ambition, il est beaucoup plus juste de célébrer l'homme de mesure et de goût, dont les ménagements réussirent à gagner la protection des puissants, pour une cause toujours plus attaquée et trop souvent mal défendue.

Cependant le tact et la délicatesse de saint François se manifestèrent surtout dans ses rapports avec Henri IV.

Ainsi, après avoir vainement essayé de l'intermédiaire du duc de Nemours pour la protection des baillages du Chablais et de Ternier, François, dès sa première entrevue avec Henri IV, lui présenta une requête si juste et si raisonnable que le roi après l'avoir lue, lui répondit : « Il ne sera rien changé à « ce qui a été fait pour la religion catholique dans le « le Chablais, je vous le promets foi de roi ; je vous « le promets au péril de mon sang. » (1)

A quelque temps de là, les Génevois persistant dans leur mauvais dessein contre les catholiques du

---

1. Perennès. — i. p. 436.

Chablais, le protecteur infatigable de cette contrée se disposait à aller trouver le gouverneur (1) pour lui exprimer les intentions du roi, lorsqu'il fut fait prisonnier de guerre par des soldats français et amené devant le capitaine des gardes, le marquis de Vitry. Ce fut une occasion pour François de Sales de faire admirer la noblesse et la loyauté de son caractère. Quoi de plus digne que ce refus d'être présenté à Henri IV : « J'accepterais avec plaisir, l'offre obli-
« geante que vous me faites, répondit-il au seigneur
« français, et ce me serait un inestimable honneur
« d'être présenté à un si grand monarque, mais ce
« prince est en guerre avec mon souverain et je ne
« puis dans de telles circonstances me permettre
« d'aller lui faire la cour ; je supplie Dieu de mettre
« bientôt dans leur cœur à tous deux des pensées de
« paix. » (2)
Nous sommes loin de ces prêcheurs qui tombaient tour à tour dans l'invective ou la flatterie, et se faisaient, suivant les circonstances, courtisans ou ennemis. François était bien différent ; d'une modestie égale à sa dignité, il évitait avec le même soin l'adu-lation et l'impertinence.

---

1. M. De Monglan, calviniste.
2. Perennès. — ɪ. — 437.

Aussi, envoyé une seconde fois auprès d'Henri IV pour aller plaider la cause des catholiques du pays de Gex, mérite-t-il cet éloge du grand roi : « J'aime « beaucoup M. de Génève par ce qu'il ne sait point « flatter. » Plus tard ce souverain, si bon juge en pareille matière, dira après de longs entretiens avec le saint évêque : « M. de Genève est bien le phénix des « prélats, il y a presque toujours chez les autres « quelque chose en défaut, dans ceux-ci, c'est la « science ou la piété qui laisse à désirer, dans ceux- « là, c'est la naissance ; au lieu que M. de Genève « réunit tout au plus haut degré : naissance illustre, « science profonde, piété sublime. » (1)

Arrivé dans le pays de Gex, François de Sales fut surpris de voir à quoi se réduisaient les con- cessions de Henri IV, et il s'en plaignit au roi par une de ces lettres, dont il avait le secret. On y remarque des phrases comme celles-ci : « Oui, je suis plein « d'assurance que cette main royale qui ne laisse au- « cun de ses ouvrages imparfaits, ne tardera pas « d'apporter à celui-ci la perfection que le Saint-Siége « en attend, que votre édit de Nantes promet et que « je lui demande très-humblement. » Ce langage

----

1. Perennès. — II. — 25.

rappelle bien peu celui dont Henri IV se plaignait au parlement. Dans la bouche du plus terrible ennemi du calvinisme, il devait consoler le roi de bien des oppositions et de bien des mécontentements.

Tels sont quelques-uns des traits saillants des rapports de saint François avec le prince dont il sut refuser toutes les faveurs, mériter toujours la justice, et gagner au plus haut degré l'admiration.

Ajoutez à ces souvenirs rapides, les représentations que François de Sales se vit obligé d'adresser plus tard au duc de Nemours, auprès duquel on avait calomnié ses frères ; son voyage à Paris en 1618, pour le mariage du fils du duc de Savoie avec Christine de France, sœur de Louis XIII, voyage bien digne du premier pour le bien qu'opéra ce grand évêque, et la mesure qu'il observa dans ses rapports avec une cour de plus en plus éprise de ses mérites, vous aurez un aperçu à peu près complet de sa vie politique.

Elle fut bien modeste, si l'on réfléchit à ce qu'elle aurait pu être. Le suffrage et les conseils de l'évêque de Genève étaient très-recherchés ; on briguait son amitié, mais jamais on ne put distraire le missionnaire de ses travaux apostoliques. Les plus hautes dignités lui furent offertes, il les refusa constamment (1). Il n'aborda les princes que pour plaider devant eux la cause des opprimés, jamais la sienne ; il ne les connut que pour en faire les défenseurs des faibles, jamais ses propres bienfaiteurs.

Nous n'avons pas à rechercher les causes de cette abstention volontaire, François de Sales les expose lui-même dans une conversation que nous a conservée l'évêque de Belley (2).

» Outre que je ne vous avoue pas, disait-il à
« son ami, que j'eusse tant de prudence au ma-
« niement des affaires politiques, que vous vous
« figurez, moi à qui les seuls mots de prudence,
« d'affaire et de politique donnent de la frayeur, et
« qui m'y connais si peu que cela n'est rien, je vous
« dirai un petit mot d'ami, et à l'oreille, et encore à
« l'oreille du cœur ; c'est que pour parler ronde-
« ment, je ne sais nullement l'art de mentir, ni de
« dissimuler, ni de feindre avec dextérité, ce qui est
« le grand outil et le maître ressort du maniement

---

1. Entre autres, et à deux reprises, le siége de Paris et le cardinalat, l'archevêché de Turin. La lettre par laquelle il refuse à Henri IV la pension que le roi lui offrait est encore un modèle de délicatesse. — 1865, VI, cxxxviii, 448.

2. Œuvres, 1865. *Esprit de saint François de Sales*, partie II, section 35.

« de la politique ; qui est l'art des arts, en matière
« de prudence humaine et de la conduite civile. Pour
« tous les états de la Savoie, de la France, de l'em-
« pire, je ne porterais pas *un faux paquet* dans mon
« sein. Je vais à l'ancienne gauloise, à la bonne foi ;
« et simplement ce que j'ai sur les lèvres, c'est juste-
« ment ce qui sort de ma pensée. »

Ce n'est que trop vrai, de telles qualités ne portent
pas à la politique. Aussi François de Sales en fit-il
le moins possible, surtout dans ses sermons. Sans
doute, nous avons perdu les discours qui pouvaient
prêter aux développements de ce genre. Les discours
qu'il prêcha à Paris, entre autres, le panégyrique de
saint Louis, prononcé devant Louis XIII et les deux
reines, (1) ne nous sont pas parvenus ; mais nous pou-

---

1. A en juger par le fragment de plan qu'on a récemment
découvert sur ce sujet, François de Sales ne dut y traiter que
des vertus du saint roi, empruntant sa division au sens allégorique des lys, et féliciter la France de l'éclat jeté sur la couronne par ce roi humble, fort, puissant, juste, pieux et aimable.

Ce fragment inédit se termine par cette exclamation : « O
« heureuse France, avec quel bonheur vostre roy, après s'estre
« nourry sur la terre au milieu des lys des vertus, se nourryt
« maintenant des célestes délices, au milieu des lys de la gloire
« éternelle ! Qu'avec l'aide de Dieu ces lys qui embellissent la
« couronne de vos roys ne se flétrissent jamais ! mais prenez garde

vons nous faire une idée de sa manière dans ces circonstances solennelles, par les conseils qu'il donnait à l'archevêque de Bourges :

« Il me semble, lui écrit-il, que nul, mais surtout
« les evesques ne doivent user de flatterie envers les
« assistans, fussent-ils rois, princes et papes. Il y a
« bien certains traicts propres à s'acquérir la bienveil-
« lance dont on peut user parlant la première fois à son
« peuple, je suis bien d'advis qu'on témoigne le
« désir qu'on a de son bien, qu'on commence par
« des salutations et bénédictions, par des souhaits de
« le pouvoir bien ayder au salut ; de mesme à sa pa-
« trie, mais cela brièvement, cordialement, et sans
« parolles attifées (1). »

« de ne pas les destruire en vous écartant des vertus dont saint
« Louis vous a donné l'exemple. » OEuvres... 1865, II, 359.

1. Lettre à l'archevêque de Bourges, 1865, I, XL. *Nemini quidem, at eo minus episcopis utendum reor adulationibus erga assistentes, etiam reges, principes, ipsosque pontifices.*

Sunt modi quidam captandæ benevolentiæ accommodati, quibus uti licitum est cum prima vice dicendum est ad populum nostrum. Probo equidem ut testemur quant opere illi velimus bene, ut per salutationes et benedictiones inchoemus, perque vota juvandi strenue illum ad salutem suam. Et idem est, si ad patriam sit dicendum. Verum breviter hæc cordialiter et verbis minime calamistratis.

La flatterie était donc absente des discours de François, comme de ses conversations particulières. Et cependant la cour et tous les grands personnages se pressaient pour l'entendre. Que faut-il en conclure? sinon que l'orateur savait toucher le cœur des grands comme celui des hérétiques, et que là encore, devant ces nobles assemblées, le secret de ses triomphes était tout entier dans la mansuétude et l'onction.

Ce ne sont pas de simples suppositions que nous exprimons, l'absence de toute allusion politique dans ce qui nous reste des sermons de François de Sales, serait déjà une preuve suffisante de sa réserve en pareille matière ; mais nous avons l'oraison funèbre du duc de Mercœur qui nous permet d'apprécier plus sûrement encore cette délicatesse de l'éloquent prélat.

S'il était un sujet épineux à traiter à Paris, c'était bien la gloire du duc de Mercœur, rebelle le premier à Henri III, et le dernier soumis à Henri IV. François ne crut pas devoir refuser aux prières de la malheureuse duchesse, la promesse de célébrer lui-même les mérites de son époux (1).

---

1. Il s'en explique lui-même plus tard à Mlle de Mercœur. — Mai 1602 (1865, II, 259).

Il tint parole, et le **27** avril **1602**, dans l'église métropolitaine de Notre-Dame de Paris, « Monsieur « François, dit Lestoile, (1) prononça l'oraison « funèbre avec grand apparat et le louangea magnifi- « quement. » Les parlements en corps, plusieurs cardinaux et prélats, les princes et les princesses, les maréchaux de France, vinrent l'entendre, se demandant déjà sans doute comment l'orateur aborderait la question de la guerre civile qui avait tenu une si large place dans la vie de son héros.

François de Sales commença par rappeler l'illustration des aïeux de Philippe de Lorraine, les avantages de sa naissance, les vertus de son épouse ; il montra ensuite comment le duc s'était rendu digne par ses vertus de tous ces bienfaits du Ciel. Il s'étendit longuement sur ces premières considérations ; puis au moment de raconter les exploits du duc, il omit tout ce qui se rapportait à la guerre et passa aussitôt, par une transition hardie, qu'il sut rendre naturelle, à la campagne contre les Turcs qui marqua la fin de la vie du lieutenant général.

Il expose la campagne de Hongrie avec autant d'art que d'exactitude et nous fait penser par la

---

1. Lestoile II. 332.

netteté de ses tableaux et la vivacité de son style à ce
magnifique langage dans lequel Bossuet célébrera un
jour, les journées de Rocroy, de Fribourg et de Lens.
Il s'anime avec son sujet, et cet homme qui, s'il ne
sait pas flatter, excelle à découvrir le vrai mérite,
amène sur ses lèvres cet éloge des Français. « Ah !
« que les François sont braves quand ils ont Dieu
« de leur costé, qu'ils sont vaillans, quand ils sont
« dévots !... C'est grand cas que la présence de ce
« capitaine François ayt peu arrester la course des
« armes turquesques, et qu'à son aspect leur lune se
« soit esclypsée. Je m'en resjouys avec vous, ô belle
« France ! Et loué soit nostre Dieu, que de vostre
« arsenal, soit sortie une espée si vaillante et que
« l'empire soit venu à la queste d'un lieutenant
« général à la Cour de vostre grand roy, à qui c'est
« une grande gloire d'estre le plus grand guerrier
« d'un royaume, duquel sortent des princes qui au
« reste du monde sont estiméz et tenus les premiers.
« Aussi plusieurs estiment que ce sera un de vos
« roys qui donnera le dernier coup de la ruine à la
« secte de ce grand imposteur Mahomet. (1)

____

1. *Oraison funèbre du duc de Mercœur...* OEuvres...1865.
II. 284.

C'est ainsi qu'appelé à célébrer les hauts faits d'un ancien ennemi de Henri IV devant la cour de ce souverain, non-seulement François de Sales sait passer sous silence tout ce qui pourrait choquer les auditeurs, ou réveiller de fâcheux souvenirs, mais qu'il sait encore tirer de son sujet des félicitations éloquentes pour la France et pour son roi.

Cette amitié de Henri IV et de l'évêque de Genève ne devait être ternie par aucun nuage, et lorsque, en 1610, retentit la fatale nouvelle de la mort du monarque, elle arracha à son ami les plaintes les plus touchantes.

« L'Europe, écrit-il aussitôt à M. Deshays, ne
« pouvait voir une mort plus lamentable que celle
« du grand Henri. Mais qui n'admirerait avec vous
« l'inconstance, la vanité et la perfidie des grandeurs
« de ce monde ? Ce prince si grand en son extrac-
« tion, si grand en la valeur guerrière, si grand en
« victoires, si grand en réputation, à la vie duquel,
« en un mot, la grandeur même paraissait attachée,
« semblait ne devoir finir que par une glorieuse
« mort, et sur les ruines de l'hérésie et du maho-
« métisme ; et voilà que celui qui avait échappé à tant
« de hasards, tombe sous le couteau d'un inconnu,
« au milieu d'une rue !... Le plus grand bonheur

« du roi fut celui qui, le rendant enfant de l'Eglise,
« le rendit père de la France, qui, tournant par sa
« conversion son cœur à Dieu, tourna vers lui celui
« de tous les bons catholiques. C'est ce seul bonheur
« qui me fait espérer que la miséricordieuse Provi-
« dence aura mis dans ce cœur royal la contrition
« nécessaire. Aussi priè-je la souveraine bonté de
« faire miséricorde à celui qui l'a faite à tant d'autres,
« et de recevoir dans sa gloire, en lui pardonnant,
« cette âme qui pardonna à tant d'ennemis renversés.
« Pour moi, je le confesse, les faveurs de ce grand
« roi, en mon endroit, dépassaient infiniment mes
« faibles mérites, particulièrement lorsqu'en 1602 il
« me fit des offres capables de retenir en son
« royaume, non un pauvre prêtre tel que j'étais,
« mais un grand prélat..... Aussi estimè-je que c'est
« pour moi un devoir spécial de continuer mes faibles
« prières pour son âme et pour le bonheur de sa
« postérité. » (1)

Langage admirable que devraient méditer ceux qui
accusent la religion d'intolérance et de rigueur. Au
lieu de s'obstiner à chercher dans quelques prédica-

____

1. Lettre datée d'Annecy, 27 mai 1610. — Citée par Perennès. T. II. p. 274.

teurs plus ou moins connus, les traces d'un esprit auquel ils étaient complétement étrangers, quand donc s'adressera-t-on à ces véritables enfants de l'Eglise, placés par elle sur ses autels? On verra si, sur les cendres de la royale victime, s'élevèrent jamais plaintes plus nobles, plus indulgentes et plus justes que ces premiers épanchements de la douleur d'un évêque et d'un saint !

Quoiqu'il en soit, cette affection qui unissait François de Sales et Henri IV sera toujours la gloire de ces deux excellents esprits. Il faudra toujours les admirer ; l'un pour avoir su, par sa douce réserve et sa noble simplicité, commander le respect et l'amitié du plus grand prince que la France ait eu depuis saint Louis ; l'autre pour avoir, malgré ses désordres ou ses faiblesses, prisé si haut la douceur et l'évangélique piété d'un missionnaire étranger.

Quelques mois de séjour à Paris avaient suffi pour rendre François de Sales l'objet de l'admiration universelle ; succès bien propre à faire réfléchir les prédicateurs du jour. Ils commencèrent à rougir de leur laisser-aller. Les récriminations, les apostrophes, les allusions malignes disparurent peu à peu des chaires chrétiennes, et la gloire doit en revenir en grande partie à notre orateur.

Quelques années plus tard, Fenoillet, dont François de Sales avait appuyé auprès du Saint-Père la nomination à l'évêché de Montpellier (1), fera entendre un noble langage (2) sur le cercueil de Henri le Grand ; mais les auditeurs n'en seront pas surpris. Ils se rappelleront que huit ans plus tôt son compatriote, François de Sales, avait le premier su rendre à la prédication la noblesse et la réserve qu'elle avait perdues, et ce sera une nouvelle occasion de le remercier d'avoir, pour jamais, condamné à l'oubli cette langue de factieux ou de tribuns. Ce n'est pas qu'on ne pût encore signaler çà et là quelques plaintes et quelques allusions audacieuses ; mais ces hardiesses tombèrent peu à peu ; leurs auteurs en devinrent les premières victimes. Le goût des auditeurs changea. Au second voyage de François de Sales à Paris, ils prouvèrent, par leur empressement à l'entendre, combien son langage digne et modéré l'emportait, à leurs yeux, sur les derniers échos des licences d'autrefois.

---

1. Lettre au pape Paul V, 1865, vi, lettre cxxxiii, 443.

2. *Discours funèbre sur la mort de Henri-le-Grand,* par Messire Pierre Fenoillet, Paris. MDCXL. Bibl. Maz.

CHAPITRE III

L'Homme.

Sommaire.

Raison particulière d'étudier la nature et le caractère de l'homme dans François de Sales prédicateur.

§ I.

Douceur et simplicité de Saint François de Sales.

Jugement de sainte Jeanne de Chantal sur saint François de Sales. — La douceur est le trait distinctif du caractère de l'évêque de Genève. — La preuve en est surtout dans l'affectueux laisser-aller de sa manière. — Ses conseils à l'archevêque de Bourges. — Exemple de la façon dont il les met lui-même en pratique. — Émotion chaleureuse de sa parole. — François de Sales est un moraliste aimable et profond. — Sa simplicité a cependant des dangers. — Sans être trivial, il est quelquefois familier. Exemples. — Comment il se fait pardonner ces écarts qui, chez lui, proviennent surtout du désir d'instruire le peuple. — Ses principes sur le sermon paternel. — Un passage supprimé par les éditeurs dans le sermon pour la Pentecôte. — Ce qu'il faut conclure des défaillances du goût dans François de Sales prédicateur.

§ II.

Imagination de Saint François de Sales, son amour du symbolisme.

L'imagination de François de Sales ne le porte pas aux grands mouvements oratoires, mais au symbolisme. — Il excelle à trouver les rapports surnaturels des choses avec leur Créateur. — Dangers qu'offrait à son époque cette disposition d'esprit. — La douceur et la sainteté de François de Sales le défendent absolument des excès dans lesquels les passions politiques et le laisser-aller des mœurs faisaient tomber l'exégése chrétienne. — Mais sa candeur et sa naïveté le conduisent au mysticisme quintessencié. — Comment François de Sales comprend le rôle de l'Écriture sainte dans la prédication. — Justesse des règles qu'il donne pour l'interprétation. — Distinction importante entre le sens spirituel et les interprétations permises.—Cette distinction explique les hardiesses de François de Sales.—Comme quoi son imagination et son amour de la nature l'ont quelquefois entrainé trop loin. — Exemples d'applications forcées et familières, malgré leur supériorité sur les compositions des prédicateurs contemporains. — Funestes conséquences de ce laisser-aller. — Imitation maladroite de quelques-uns. — Camus.

CHAPITRE III.

Un auteur qui a su résister efficacement au courant des habitudes et des travers de son siècle, alors surtout que, par son rôle et les travaux de sa vie, il était exposé à lui obéir plus qu'aucun autre, est toujours une personnalité littéraire intéressante à étudier en elle-même, à démêler dans son caractère d'homme et dans sa vraie physionomie.

Qu'il s'agisse d'un orateur ou d'un écrivain, dès que sa supériorité, ou simplement le tour spécial de sa composition, lui assigne une place à part dans l'histoire des lettres de son temps, le lecteur s'adresse d'instinct à l'homme lui-même, va droit à son âme pour y surprendre la raison, la source secrète, les germes de cette originalité de mœurs et de talent qui le distingue entre ses contemporains.

Or nous n'étonnerons personne en disant que François de Sales éveille tout spécialement cette curiosité délicate du critique par l'aimable laisser-aller de sa manière, l'inimitable simplicité de tout ce qu'il dit ou écrit. Nul ne s'est livré avec plus de candeur, n'a mis plus d'abandon et de grâce à se montrer tel qu'il est, et il faudrait plaindre celui qui n'aurait pas senti à la lecture des œuvres de l'Evêque de Genève, et en particulier de ses sermons, combien belle s'offrait l'occasion de pénétrer le fond de cette charmante nature, et de suivre dans les manifestations du zèle le plus tendre qui jamais ait animé un apôtre, la part constante qu'il faut faire aux qualités natives de l'esprit et du cœur.

§ I

DOUCEUR ET SIMPLICITÉ DE SAINT FRANÇOIS DE SALES.

La femme qui étudia le plus François de Sales et qui le comprit le mieux, Jeanne de Chantal, consultée sur lui par un religieux, répondit : « Premièrement, mon « très cher père, je vous dirai que j'ai reconnu en mon « bien heureux père et seigneur un don de très-par-

« faite foi, laquelle était accompagnée de suavité
« extrême (1). »

Tel était bien, en effet, François de Sales ; homme
de foi et de douceur. Et voilà pourquoi la même
sainte, parlant surtout du caractère de son illustre di-
recteur et ami, ajoutait : « Jamais a-t-on vu un cœur
« si doux, si humble, si débonnaire, gracieux et af-
« fable qu'étoit le sien. » (1) La douceur, ce trait
distinctif du caractère de François de Sales, se retrouve
partout chez le prédicateur, dans ses discours aussi
bien que dans ses actes. Cette mesure si rare et de si
bon exemple que garde, nous l'avons déjà vu, le zélé
missionnaire dans tout ce qui touche à la politique et
provoque l'intolérance, son soin extrême à se défendre
de toute attaque personnelle, ou de toute vivacité, dans
ses controverses avec les hérétiques, ne sont pas peut-
être les indices les plus frappants de cette mansuétude
naïve et aimable qui résume si bien toutes ses autres
qualités ; jusqu'à un certain point la cause de cette
modération édifiante est surtout la vertu extraordinaire
du saint. Mais ce qui prouve, à notre avis, jusqu'à l'é-

---

1. Lettre de sainte Chantal au R. P. dom Jean de saint François, de l'ordre des Feuillants, sur l'esprit, la conduite et les vertus de saint François de Sales. — Pérennès. — II. p. 543.
1. Ibid., 547.

vidence, combien aussi par nature et par caractère, François de Sales était vraiment doux et bon, c'est l'admirable candeur, le tour charmant de tout ce qui qui sort de ses lèvres. En aucun cas, l'expression de sa pensée ne vous heurte. Il a horreur de la dissimulation aussi bien que de la recherche. Aujourd'hui encore vous ne pouvez le lire sans être touché des efforts qu'il fait pour vous convaincre. Il vous parle, vous presse dans une langue qui ne vieillit pas, parcequ'elle vient tout droit de son cœur, vous en révèle les sentiments tels qu'ils sont, sans fard ni apprêt, avec cette grâce ingénue, ce ton vif et coloré, qui ne l'abandonnent jamais. Son cœur parle au nôtre, c'est là le secret du charme qui nous attire ; avec lui nous sommes toujours pris d'abord par notre côté faible, si je puis m'exprimer ainsi, et quand, par hasard, nous voulons nous essayer à la critique de ce que nos mœurs littéraires ou l'usage condamneraient peut-être maintenant comme naïf ou familier, c'est toujours trop tard ; en quelque sorte, le mal est fait. Nous n'osons plus rien contre la suavité d'une langue, trop séduisante pour être discutée.

Dans sa lettre à l'archevêque de Bourges, notre orateur lui recommande de parler avec affection, simplicité et candeur. Il veut que ses paroles soient enflam-

mées par l'affection intérieure, et non par des cris et
des gestes démesurés, qu'elles sortent du cœur plus
que de la bouche. « On a beau dire, s'écrie-t-il ; mais le
« cœur parle au cœur et la langue ne parle qu'aux oreil-
« les (1). »

Avec moins d'humilité François de Sales aurait
pu ajouter qu'il puisait ces sages conseils dans les leçons et les succès de sa propre expérience. A côté de
quelques traits forcés, qui dira combien de pages attachantes, même dans les sermons, nous devons à cette
aimable ingénuité qui, à elle seule, était déjà, vu les
défauts du temps, la marque d'un esprit supérieur ?

C'est bien à elle, par exemple, que nous devons le
portrait suivant de l'âme humaine :

« L'ame de l'homme, mes frères, est une belle

---

1. OEuvres complètes... 1865. *Lettre à l'archevêque de
Bourges*, p. XL.

*« Quid facto opus ? Verbo, ut affectuose eloquaris et
devote, simpliciter, candide et confidentur : ut ipsemet
penitus hauseris et persuasissimam tibi habeas doctrinam
quam aliis persuasam cupis. Artificiorum summum erit
nullum habere artificium. Inflammata sint verba; non
clamoribus gesticulationibusve immodicis, sed interiore
affectione. De corde plus quam de ore proficiscantur. Quan-
tumvis ore dixerimus, sane cor cordi loquitur, lingua non
nisi aures pulsat.*

« ville par nature subjette à Dieu ; mais bien
« souvent par révolte et rébellion, et par les
« factions des affections et parties supérieures et in-
« férieures, elle est rendue sous l'obéyssance du
« péché ; car *qui facit peccatum servus est pec-*
« *cati*.

« Qui trouvera mauvais que j'appelle l'âme de
« l'homme une ville, puisque les philosophes l'ont
« bien appelée un petit monde et qu'elle est l'a-
« brégé de toutes les perfections du monde, recueil-
« lant en soy tous les grades plus parfaits d'iceluy,
« comme tout le plus beau d'une province se retrouve
« en la ville principale d'icelle. En ceste ame encore
« vous semble-t-il pas qu'il y ait un magasin qui
« vaut plus que tous ceux d'Anvers et de Venise ?
« Puisque la mémoire retire toutes les idées de
« tant de variétez de choses, vous semble-t-il pas
« qu'il y ait un brave ouvrier, puisqu'en l'entende-
« ment possible, toutes choses s'y font en des
« espèces incomparables ? Vous semble-t-il pas qu'il
« y ait un ouvrier, lequel avec cent millions d'yeux et
« de mains, comme un autre Argus, faict plus d'ou-
« vrage que tous les ouvriers du monde, puisqu'il
« n'y a rien au monde qu'il ne représente, qui est
« l'occasion qui a faict dire aux philosophes que

« l'âme était tout en puissance. C'est cette ville la-
« quelle plus que toute autre se peut vanter que le
« sçavoir de son bastisseur a esté rendu admirable en
« son édification, selon le dire du psalmiste: *Mirabilis*
« *facta est scientia tua ex me,* C'est d'elle qu'on
« peut dire: *gloriosa dicta sunt de te* (1). »

Quoi de plus simple et.de plus clair ; et cependant
l'idée est très-profonde, très-sérieuse. François de
Sales s'est emparé de cette pensée féconde : La dignité de l'âme humaine. Il faut qu'il la communique
à ses auditeurs, qu'il la leur rende tout à fait acces-
sible. Il descendra aux explications familières, sans
tomber dans la trivialité ; ses comparaisons seront
d'un ordre modeste, mais jamais bas ou vulgaire ; il
se fera comprendre, et nous laissera un petit modèle
d'éloquence populaire. Aujourd'hui, à deux cent cinquante ans de distance, cette naïveté nous charme
encore. Nous qui sommes devenus amoureux de la
forme correcte et savante au point de lui sacrifier trop
souvent le fond, en relisant ces lignes, prises presque au
hasard, nous sommes portés à regretter le raffinement

---

1. OEuvres du bienheureux... MDCXL. *Sermon pour la
Sexagésime.* II. p. 40.

OEuvrès... 1865. I. p. 128 et 129.

d'un siècle qui n'autorise plus ce langage, plutôt qu'à blâmer l'indulgence du temps où il était en honneur.

Cette langue devient souvent plus touchante encore et plus persuasive ; c'est même un des traits saillants de la manière de François de Sales que d'avoir su animer le style le plus simple et communiquer aux termes les plus naïfs une véritable chaleur. S'il veut reprocher à ses auditeurs leur indifférence pour les biens que Dieu leur a accordés, il n'ira pas, comme André Valladier, dans son carême prêché au roi, en 1609, s'étendre en un style grotesque et boursoufflé sur la gloutonnerie des peuples d'Israël pour la rapprocher de l'histoire de « la damoiselle Cananée, agitée elle aussi du démon carnassier, » et sommer ses auditeurs « de renoncer aux pourreaux « du monde en faveur du sacré festin, où les assiste « la Sainte-Vierge, escuyère tranchante de la grâce (1) ; » non, ce langage pouvait, par son extravagance même, faire courir Paris, il n'en était pas moins voué au ridicule, et les préoccupations qu'il trahit ne sont pas de l'ordre de celles de François de Sales. Ce dernier, comme développement à la même pensée, commentera

---

1. *Métanéalogie sacrée.*
Sermon pour le 2° jeudi de carême, sur la Cananée. — Exorde.

en termes émus et chaleureux le contraste que présenteront, au dernier jour, les peuples à peine évangélisés et cependant si dociles à la vérité, avec ceux qui, comblés de grâces, ne leur font rendre aucun fruit (1). Il y a entre ces deux orateurs toute la distance qui sépare le prédicateur qui se prêche de celui qui prêche aux autres, si nous pouvons nous exprimer ainsi, toute la différence qui existait, à ce moment de notre histoire littéraire, entre la prétention et le naturel.

L'un vise à l'effet et arrive nécessairement à l'emphase ou tombe dans la trivialité. Chez lui, c'est l'esprit surtout qui parle, et dès lors le style est tour à tour creux et déclamatoire, ou puéril et grossier. L'ardeur qui l'échauffe n'est trop souvent qu'une certaine verve épaisse et gaillarde qui n'a rien de commun avec l'émotion véritable.

François de Sales, au contraire, est toujours naturel et trouve dans l'oubli de lui-même la règle et la garantie de son goût. Sa phrase est toujours attachante, car c'est le cœur qui la lui dicte et le seul amour des âmes qui l'inspire.

---

1. OEuvres... MDCXL, II, 84. — 1865, II, 49. — *Sermon pour le 12ᵉ dimanche après la Pentecôte.*

Il dut d'ailleurs à cette tendresse d'apôtre une profonde connaissance du cœur humain. Personne n'en démêla mieux que lui les luttes mystérieuses et n'en pansa plus délicatement les plaies. C'est le plus aimable de nos moralistes.

Vient-il à parler des sécheresses spirituelles, ses réflexions, même sous une autre plume que la sienne, éclairent du jour le plus consolant ce côté fondamental de la vie intérieure. Le langage qu'il prête à l'âme, est de tous les temps ; cette opposition entre le sentiment de sa misère, la connaissance du remède à y apporter, et cependant l'impossibilité prétendue de l'obtenir, est très-clairement décrite. Cette aridité spirituelle, si difficile à définir et à analyser, est exposée par lui, en quelques lignes, avec une netteté, une précision, une lumineuse simplicité que l'on chercherait vainement dans d'autres prédicateurs contemporains (1). Les consolations qu'il oppose à ces alarmes intérieures de l'âme dévote lui sont offertes avec le même bonheur d'expression.

Une autre fois voulant mettre les religieuses d'An-

---

1. OEuvres du bienheureux... MDCLX. — *Sermon pour le 4ᵉ Dimanche de Carême*. T. II, p. 255.

Edit. 1865. I, p. 257.

Edit. 1868. IV, p. 345. — (Sermon recueilli).

necy en garde contre l'amour propre, un des caractères principaux de la fausse dévotion, il leur parlera de « ces personnes qui viennent en religion avec
« de certaines habitudes de dévotions très-hautes et
« relevées, ce leur semble, lesquelles se veulent gou-
« verner à leur teste et fantaysie, se forgeant une dé-
« votion toute extatique et relevée, qui n'admet point
« les choses simples, basses et humbles ; dévotion
« imaginaire et niayse, toute. confite en amour-propre,
« et nullement sortable à leur condition, et laquelle
« est tellement meslée de soy, qu'elles-mesmes, non
« plus que les autres, ne peuvent discerner ce que
« c'est, si leur amour-propre est leur dévotion, ou si
« leur dévotion est leur amour-propre : dévotion
« fade, molle, effeminée et propre aux femmes de peu
« de courage. Or de telles choses, bien qu'en ap-
« parence bonnes, il s'en faut purger, et pour
« cela s'assujettir à la conduite d'autruy, embras-
« sant la simplicité et humilité, qui se treuvent
« parmy les considérations simples et basses des
« choses ordinaires, et non subtiles et excel-
« lentes, qui sont au-delà de la portée de nos
« esprits » (1).

____

1. Œuvres... 1865, t. ii. Fragm. inédits. — *Instruction
pour la feste de saint Luc*, p. 378.

On ne pouvait avec plus de bon sens et de jugement dispenser les leçons d'une plus suave piété. Il en est presque constamment ainsi. Les avis de François de Sales, toujours solides, se gravent souvent dans l'esprit du lecteur comme des maximes. Soit à cause de leur profonde vérité, soit à cause de leur forme simple et rapide, ils saisissent l'intelligence et se fixent d'eux-mêmes dans la mémoire.

Ce n'est pas dans un sermon, c'est dans tous, que notre prédicateur sème les vérités, les maximes, les idées générales. Nous avons indiqué le passage précédent, parce que nous l'empruntions à un des sermons conservés par les religieuses de la Visitation. Il nous donnait, nous semblait-il, une idée de ce que devait être le discours lui-même sur les lèvres de S. François, puisque recueillies par des mains étrangères, ses paroles conservaient encore un ton et une physionomie si aimables. Nous pourrions citer d'innombrables conseils que l'orateur laissa tomber de la chaire, et dont il faudrait admirer la langue élevée, et déjà très française. Quand l'évêque de Genève a parlé, vous diriez qu'on ne pouvait parler autrement. Il sait au plus haut point faire de ses convictions et de sa pensée, celles de tous ceux qui l'écoutent, et voilà pourquoi il sera toujours regardé comme un moraliste fin et profond.

Il avait reçu l'héritage de Montaigne, l'avait augmenté et, pour ainsi dire, épuré. Il a étudié l'homme, non pour rire de ses misères sans y apporter de remède comme Rabelais; non pas pour le désespérer comme Calvin; non pas au hasard et par caprice comme l'auteur des *Essais*, mais, guidé par sa profonde connaissance et sa longue habitude des âmes, François de Sales montre sans cesse l'homme à lui-même, pour le corriger, lui tendre la main, lui enseigner le remède et lui faire espérer la guérison. Il le pousse, il est vrai, dans la voie de la vertu plutôt qu'il ne vise à le guider dans la pratique des choses de ce monde ; mais, après tout, le chrétien de saint François serait l'homme par excellence ; les moralistes doivent, s'ils veulent être dans le vrai, l'admettre pour type et pour modèle.

Notre admiration pour l'évêque de Genève ne nous aveugle pas au point de méconnaître les qualités de Montaigne ; cet étonnant esprit, brillera toujours au premier rang par la souplesse du génie et le mouvement du style. Cependant, avec peut-être moins de finesse et de subtilité, François de Sales a souvent frappé plus juste. On se reconnaît chez lui comme chez le nonchalant philosophe. Il excelle à nous démêler lui aussi ; et il a au moins l'avantage de n'avoir pas fourni des armes à Voltaire, à Rousseau, aux Encyclopédistes, à tous ceux qui ont appris aux hommes comment on abuse des plus nobles idées.

Mais, nous ne l'oublions pas, cet aimable laisser-aller avait pour un prédicateur des dangers, et nous n'oserions affirmer que François de Sales les évita toujours. Un esprit aussi porté à l'abandon, aussi peu guindé, avait, surtout à cette époque, à redouter la familiarité, dont no us avons rappelé la fatale influence sur la chaire chrétienne. Sans doute, et il était facile de le prévoir, dans un orateur comme François de Sales, l'exquise urbanité du gentilhomme et la douceur inaltérable du saint allaient opposer une digue insurmontable au torrent envahisseur de la licence et du mauvais ton. Tout d'abord on peut affirmer sans crainte de se tromper que, des goûts de son siècle, il ne connut pas l'habitude des contes puérils, des réflexions scabreuses, des allusions piquantes, ou des apostrophes, toutes choses qui aidaient singulièrement à la vulgarité du langage. Non, il ne descendra pas à ces trivialités, celui qui dès l'enfance arrachait, par la distinction de ses manières, des cris d'admiration à ceux qui le voyaient passer. On se le montrait, nous dit son biographe Charles-

Auguste de Sales, en s'écriant : « Voyez-vous cet
« enfant ! mon Dieu qu'il est beau ! mon Dieu
« qu'il est aimable ! si Dieu lui fait la grâce de
« vivre, sans doute il sera quelque grand person-
« nage..... et déjà parce qu'il avait une action pleine,
« noble, majestueuse, ses maîtres le faisaient sou-
« vent déclamer. » (1) De l'élégance dans les manières, de la distinction dans l'esprit, c'était déjà beaucoup pour résister au fatal courant, et ces avantages allèrent sans cesse grandissant chez l'aimable
prélat.

Cependant s'ils mirent une grande distance entre
lui et les grossiers déclamateurs de son temps, suffi-
rent-ils à le préserver de toute négligence? Tout en
s'interdisant la raillerie ou la malice, s'est-il assez défendu contre une simplicité excessive? Entre les violences du langage et un abandon trop familier, il y a
plusieurs degrés. La nature de notre prédicateur, sa
sainteté, son respect de la chaire l'ont toujours tenu
éloigné de ces deux extrémités. Mais il est des écarts
que la sainteté et le respect de la chaire permettent un
jour, et que le bon goût réprouve sévèrement le lende-

____

1. Pérennes. — *Histoire de Saint François de Sales,*
T. 1, p. 23.

main; témoin, pour ne citer que lui, S. Vincent Ferrier, dont les succès furent prodigieux, et dont le langage eût paru étrange, deux siècles plus tard. François de Sales comprit-il assez toutes ces délicatesses et toutes ces nuances?

Pris en lui-même, isolé de ses contemporains ou de ses successeurs, il est trop aimable pour ne pas se faire pardonner tout. S'il est naïf, la faute en est surtout à son âme tendre et communicative ; sa familiarité vient d'une bonhomie qui ne lasse jamais et charme toujours, et il faut aimer jusqu'à ses imperfections. Mais si nous le mettons à côté de ceux qui suivirent, s'il faut juger de son éloquence d'après l'influence qu'elle exerça sur la prédication, nous sommes forcés de trouver que François de Sales fut quelquefois inférieur à lui-même.

Pour expliquer la surabondance des mérites de Jésus-Christ, il comparera le Sauveur rachetant l'humanité, à un gentilhomme qui, « saisi de l'amour d'une damoiselle », et voyant qu'elle désire extrêmement une bague rare, n'en demande pas le prix, et, de prime abord, en offre un bien supérieur à ce qu'elle vaut. Ne voit-on pas qu'il y aurait mauvaise grâce à reprocher au saint évêque cette comparaison, et tant d'autres du même genre? Il les aborde avec une telle délicatesse, avec une telle candeur, qu'elles sont une occasion de plus pour le lecteur, d'admirer la supériorité de François sur ses contemporains. Quelle légèreté de touche, par exemple, quel sentiment des convenances à côté des louanges ridicules et grossières que Valladier, en tête de ses sermons, osait alors décerner aux attraits de Marie de Médicis ! Le malheur est que, sans avoir son tact et sa finesse, les imitateurs de notre prélat voudront le suivre dans une voie qu'il pouvait seul parcourir. La complaisance même que mettait l'évêque de Genève à aborder ces sujets familiers était pour ses nombreux admirateurs un véritable danger. Ainsi, la comparaison que nous avons citée ne lui suffit pas, il lui en faut encore, dans le même sermon et sur le même sujet, une plus naïve.

Notre Seigneur, guérissant au prix de sa mort la nature humaine empestée du péché, c'est un mari qui voyant « sa chère moitié » malade de la peste, court au médecin qui connaît le remède et lui offre cent beaux écus « de ses tablettes, sans s'amuser à consi-« dérer que les ingrédiens d'icelles ne valent pas trois « sols. » Ceci ne paraît pas encore assez clair à notre prédicateur, et il tombe alors dans le vulgaire, si le mot était possible avec lui. En cette similitude il rencontre une grande dissimilitude. C'est que si la tablette ne vaut pas cent écus, l'épouse néanmoins vaut cent mille fois plus. tandis que la nature humaine, qui doit être guérie, ne vaut rien auprès du sang de Notre Seigneur. Il aime donc mieux dire que Notre Seigneur a fait comme un cavalier ayant un cheval fait à son gré, qu'il appelle son favori. Si ce cheval est malade, le cavalier pour le guérir dépensera en remèdes plus que le cheval ne valût jamais. N'a-t-on jamais entendu dire : je voudrais avoir racheté ce cheval trois fois ce qu'il valait ? N'a-t-on jamais vu des dames tuer des moutons pour nourrir un petit chien « couard ou caignard » qui ne valait pas l'un des pieds du pauvre mouton ? C'est l'affection qui fait cela. Et alors voici comment il explique ces rapprochements si bizarres : « Ainsi on peut dire que Nostre « Seigneur avoit un cheval, qui estoit l'homme, lequel « a esté comparé aux chevaux qui n'ont point d'en- « tendement... Ce cheval était affollé par son péché ; « que fait nostre Sauveur? sans regarder à la valeur de « ce cheval, il donne un prix qui vaut infiniment « plus et pour nourrir ce chien caignardier il tue « l'agneau qui est luy-mesme. » (1) Nous voyons jusqu'à quel point François poussait l'amour, je dirai presque la

---

1. OEuvres... MDCXL, II, p. 80. — 1865, II, p. 44.

manie de la simplicité, et à quels écueils il touchait. Aujourd'hui ces explications nous paraîtraient fort peu dignes du sujet, et ne seraient certes pas reçues des auditeurs. *Ce cheval, ces moutons, ces chiens couards, caignardiers*, ne nous sembleraient pas des termes bien choisis dans le développement d'un mystère comme celui de la Rédemption. Sur les lèvres d'un saint, dont nous connaissons l'angélique respect pour tout ce qui touche à la religion, ils nous démontrent la naïveté des auditoires d'alors, naïveté à laquelle il est heureux que François de Sales n'ait pas plus souvent condescendu.

La meilleure explication de ces familiarités se trouve dans le besoin que le peuple avait d'instruction; c'est à ce sentiment qu'à obéi notre prédicateur, on peut trouver qu'il l'a exagéré, on n'ose pas l'en blâmer.

Au sortir des guerres de religion, en Savoie comme en France, les populations n'avaient guère conservé de la foi que l'attachement inébranlable et passionné au culte de leurs pères ; elles n'avaient eu ni le temps ni le souci d'entrer dans les détails. Ces luttes déplorables n'avaient pas favorisé l'instruction des classes inférieures, et le devoir des prédicateurs, aux premières heures de repos, fut de répandre, par tous les moyens possibles, la connaissance détaillée des vérités du salut.

C'est ce que comprenait excellemment l'évêque de Genève, lorsqu'il écrivait à un ecclésiastique, récemment nommé à un évêché : « Le sermon paternel « d'un évesque vaut mieux que tout l'artifice des « sermons élabourez des prédicateurs d'autre sorte. « Il faut bien peu de choses pour bien prescher à un « évesque : car ses sermons doivent être des choses « *nécessaires et utiles* ; non curieuses ni recherchées ; « ses parolles simples, non affectées ; son action « paternelle et naturelle, sans art ny soing, et pour « court qu'il soit et peu qu'il die, c'est toujours « beaucoup. (1) »

On voudrait exposer la manière de Saint François lui-même, qu'on ne trouverait pas de définition plus exacte. Nul plus que lui ne connaissait *le sermon paternel, les paroles simples, non affectées, l'action naturelle, sans art ni soin.* Seulement la distinction de son esprit le maintient à un niveau bien supérieur à celui de ses contemporains. Si, comme nous venons de le voir, il tente de descendre

---

1. OEuvres complètes, vi, 391. Lettre CI du recueil.

à de rares intervalles, c'est qu'il le croit bon pour son sujet. Il veut instruire, enseigner les *choses utiles, nécessaires* ; comme il aimait à le dire lui-même, il parle « fort simplement et catechétiquement, » (1) et voilà comment nous, qui ne nous mettons pas assez à la place de ses auditeurs, nous sommes exposés à rencontrer des expressions qui nous choquent. Pour lui qui n'a pas à redouter ces susceptibilités du goût, qui veut avant tout être simple et compris de tous, l'expression lui importe peu. Ces mots que nous regrettons : « *charogne puante, couardier, pied de mouche* » ; et quelques autres qu'on pourrait recueillir dans ses sermons, ne lui déplairont pas, s'ils sont amenés naturellement, et surtout ne déplairont pas aux fidèles qui ont été habitués à en entendre bien d'autres.

Certes si François de Sales avait eu plus souci de la gloire et moins du bien des âmes, il lui était aussi facile qu'à tout autre d'ennoblir ses expressions et de relever sa pensée. Mais rien n'égalait son abnégation. Inimitable pour la grâce et la délicatesse, c'est à une heureuse disposition de sa nature qu'il le doit ; le désir de briller n'y est pour rien.

---

1. *Esprit de François de Sales*, ɪɪ, 38. — Œuvres compl. 1865, t. x, 73.

Lisons le plus ancien sermon, et peut-être le plus soigné, qui nous reste de lui. Possédé de l'idée d'être compris de la masse des auditeurs, plutôt que goûté des intelligences éclairées, il s'y laisse aller aux humbles considérations que voici, sur le texte de l'apôtre : *Le juste vit de la foy.* « Ne sçavez-vous pas le dire de l'A-
« postre, *justus ex fide vivit*, peut-estre ne l'en-
« tendez-vous pas ; je vous diray un sens aisé
« à nostre propos et que peut-être ne sçavez-vous
« pas encore et néanmoins saint et véritable.
« *Justus ex fide vivit*, c'est-à-dire le juste vit à
« forme de sa foy, il vit à la règle de sa foy; ne dit-
« on pas : *æger ex dietà vivit et regulà medici*, le
« malade vit de la diette, il vit de la règle, il vit de la
« manière que le médecin lui a baillée? Certainement
« ce ne sont pas bons restaurants que la diette, la règle,
« la manière escrite, les apoticaires n'y gaigneront
« guère. Ne dit-on pas que les advocats vivent de leurs
« livres, de leur estude ? leurs livres et l'estude sont
« viandes de caresme, après Pâques on n'en mange pas,
« il n'y a si bon secrétaire qui ne laissast son maître,
« à telle condition de viande. Mais non, nous voulons
« dire que le malade, il vit selon la diette ordonnée
« par le médecin, selon la règle, selon la manière, et
« l'advocat qu'il vit du gain, ou juste, ou injuste,

« selon que l'advocat a l'âme bonne ou mauvaise,
« du gain qu'il fait par le moyen de ses livres,
« ainsi voulons-nous que le juste vive selon la
« foy. » (1)

Ce passage, il est vrai, ne se trouve tout entier que dans la première édition. Les éditeurs suivants l'ont retouché avec plusieurs autres, (2) qu'il serait trop long de si-

---

1. OEuvres du bienh., MDCXL, II, *1er sermon pour le jour de la Pentecoste*, p. 13.

2. Entre autres, le suivant qu'ils ont tout-à-fait supprimé dans le même sermon :

« Et me semble à ouïr les discours que l'on va faisant en Savoye que je vais jouer au change et me soit permis de me servir de cet exemple, comme frai chement venu de ia conversation où il se joue. Il se rencontre quelquefois une troupe de Damoiselles vertueuses, lesquelles, après avoir longtemps parlé et devisé ensemble, estant au bout de leur roolle, ne le voulant dilater aux despens de celle-cy et de celle-la, se mettent à jouer quelque honneste jeu, comme au change des couleurs. Chacune prend sa couleur et est obligée de la garder du change; si que, le jeu estant commencé, on dit que le vert change, celle qui a pris le vert dira : ce n'est pas le vert qui change, c'est le gris ; celle qui a pris le gris : ce n'est pas le gris qui change, c'est le bleu ; celle qui a le bleu semblablement s'en décharge et dit : ce n'est pas le bleu qui change, c'est le blanc, et passent ainsi le temps à rejetter l'une sur l'autre le change, tant qu'il faut se retirer et que la conversation est

gnaler. Nous ne comprenons guère ces corrections. Viendraient-elles de ce qu'il leur répugnait de voir l'évêque de Genève entrer dans ces détails familiers? Mais ils sont encore bien supérieurs aux trivialités du temps et ce langage n'a rien de déshonorant. C'est celui qui retentissait dans toutes les chaires. Les merveilleux effets de la parole du prélat prouvaient assez que la dignité de son ministère n'en souffrait pas. Sans doute, dans ce cas, il aurait pu la relever

---

rompue. Il me semble, mes Frères, qu'en Savoye nous nous entretenons tous au jeu du change, car si vous parlez au peuple, la noblesse aura le change, laquelle avec sa lascheté n'ose rien remontrer ; si l'on parle à la noblesse, les ministres de justice auront le change, qui se meslent de l'autruy ; si l'on parle aux justiciers, les soldats auront le change, qui sont trop débordés ; si l'on parle aux soldats, les capitaines auront le tort qui les conduisent et retiennent leurs payes ou sont si avaricieux que, pour desrober eux-mêmes, ils permettent à leurs soldats de desrober. Parlez aux capitaines, les princes auront le tort de faire la guerre sans avoir d'argent, ou qui n'advisent pas d'y mettre l'ordre au moins mal, et aucuns crient que tout le mal vient des peuples qui ne sont pas assez réformés. Ceux-ci sont les plus advisez, car il n'est permis de médire sans danger, en ce temps où nous sommes, de personne, si non de l'Eglise, de laquelle chacun est censeur, chacun la scindique. Enfin, nous jouerons tant à ce jeu, si nous n'y advisons, qu'il nous faudra rompre cette conversation, et comme nous avons vue courir des autres nations çà et là

davantage, mais ses plus grandes négligences ne la rabaissaient pas.

La véritable cause de ces scrupules est, je crois, que François de Sales était un peu ancien pour les éditeurs. Le temps qui les séparait de lui avait suffi pour condamner à jamais la familiarité dans la chaire. Les tentatives du père Garasse et du petit père André ne purent y ramener ce genre, que Scarron et Saint-Amand semblaient remettre en honneur, dans leurs écrits. Vingt-cinq ou trente ans après la mort de l'évêque de Genève, on rencontre déjà des puristes assez délicats pour ne pas accepter sans contrôle sa prose naïve et enjouée. Ils n'ont pas voulu trouver dans leur auteur un homme plus naïf que leur siècle, et ont cru plus simple de laisser de

---

pour vivre, ainsi nous faudra-t-il faire, si nous ne prenons garde à nous mesmes. Et que faut-il faire ? Il faut bannir le péché de nous, il nous faut faire la paix avec Dieu, et nous aurons bientost après la paix en la terre. Et quel péché faut-il chasser ? Ah ! que je me garderay bien de me contredire ; vous ne me prendrez pas en ma parole. Je n'ay garde de dire qu'il faille chasser le péché des autres, afin de ne pas jouer au change, aussi bien que les autres ; mais je vous prieray que chacun die comme moy et que chacun parle à sa conscience propre, et non pas à celle des autres. »

Œuvres... MDCXL, II, *Sermon pour la Pentecôte*, p. 14.

côté les passages les plus répréhensibles, comme si ces quelques ombres empêchaient de voir le fond éclatant du tableau!

Pour nous, il nous en coûte peu de dire, si l'on veut, que François s'est trompé quelquefois, et de relever de petites erreurs de goût dans un homme qui reste encore le prosateur le plus fin et le plus original de son temps. Elles prouvent tout au plus qu'il était de son siècle, et elles font ressortir davantage le mérite qu'il eut à le surpasser.

§ II.

IMAGINATION DE SAINT FRANÇOIS DE SALES. SON AMOUR DU SYMBOLISME.

La familiarité n'était pas toutefois, pour François de Sales, le seul danger que présentait sa charmante simplicité. Nous avons eu l'occasion de nous en convaincre déjà, l'imagination jouait chez lui un grand rôle ; non pas qu'elle l'ait porté à la rêverie ou aux grands mouvements oratoires : rien ne ressemble moins au genre de notre orateur ; mais elle l'amenait sans cesse, au contraire, à envisager les choses par leur côté naïf et leurs relations symboliques. Tout le monde sait de quel amour passionné s'était éprise pour la nature l'âme de François de Sales, et comment il excellait à trouver les rapports surnaturels des choses avec leur Créateur. De là, à imiter le mysticisme raffiné des sermonnaires du temps, y avait-il bien loin ? En cédant au penchant de son imagination aimable et enjouée, François de Sales n'allait-il pas lui aussi porter ses caprices dans l'interprétation des symboles ou des allégories ? n'allait-il pas, pour l'Écriture sainte, en particulier, franchir les limites de la véritable critique, en tombant, à l'exemple de ses contemporains, dans des subtilités puériles ou des applications de fantaisie ?

Nous ne parlons pas, évidemment, de cet abus grossier et scandaleux qui consistait à mettre l'Écriture sainte au service de toutes les rancunes des partis. La sainteté, la science, la distinction d'esprit de François de Sales le défendaient également contre de tels excès. L'histoire de son apostolat est une protestation continuelle contre cette licence sacrilège, et son exemple a porté des fruits. S'il ne fut pas le seul à rappeler les auditeurs et les prédicateurs de son temps au sentiment des plus impérieuses convenances, il y contribua fortement pour sa part; c'est incontestable, et l'on n'a jamais, du reste, songé à le nier.

Nous avons dû le remarquer, au début de cette étude, aux passions politiques, était venu s'ajouter le dérèglement des mœurs, comme une seconde cause de décadence pour l'exégèse chrétienne, et de corruption pour le symbolisme catholique.

Ce n'est point encore la raison pour laquelle l'histoire de François de Sales peut amener à discuter les écarts de la prédication religieuse. Rien que d'angélique ne se rencontra, on le sait, sous la plume ou sur les lèvres du saint. Il défendait aux prédicateurs toute allégorie qui n'était pas bienséante. « Cela peut avoir de l'apparence, » écrivait-t-il à l'archevêque de Bourges, après avoir cité un exemple de ces rapprochements, « mais il n'y a pas de bienséance, à cause que cette « défense porte une imagination dangereuse dans « l'esprit de l'auditeur. » (1) Non, l'exégèse de saint François n'est pas plus soumise à la vulgarité qu'à la haine; la pureté et l'onction en furent toujours les principaux caractères.

---

1. *Lettre à l'archevêque de Bourges. p.* xxxiii..... *Sanè ut apparentia in hoc sit, non est decentia, eo quod prohibitio imaginationem menti auditoris ingerat periculosam.*

Mais une troisième disposition pouvait conduire à
l'abus de l'Ecriture sainte, et cette disposition , l'aimable évêque la connaissait bien, c'était la naïveté :
non plus cette familiarité insolente et grossière que nous
venons de signaler, mais une naïveté tendre et enjouée,
commune alors à bien des esprits, et qui, elle aussi, avait
altéré les sources du symbolisme catholique. Le
péril était d'autant plus grand, que les excès de
la haine et de la licence rendaient l'auditoire plus indulgent pour les interprétations qui avaient une autre origine. En face de ces excès, toute explication bienséante,
respectueuse, si forcée qu'elle fût, paraissait digne
d'être acceptée. Aussi, l'imagination pieuse des prédicateurs se donnait-elle libre carrière et s'élançait-elle
à la recherche des sens les plus détournés. La piété
se complut dans la création d'allégories décentes,
mais peu vraisemblables. Le mauvais goût et
l'esprit de curiosité aidant, on en vint à faire de
l'Ecriture comme un recueil d'énigmes à déchiffrer;
les élucubrations, les trouvailles, c'est le mot, les plus
inattendues, servaient souvent de fondement à tout un
échafaudage d'analogies bizarres et de raisonnements
subtils.

Ce mysticisme datait de loin : déjà, au xiiie siècle,
la mode commençait à s'en répandre; on l'appliquait

même à des compositions profanes, à des chansons,
par exemple. (1) Le plus souvent cependant ces allégories sont tirées de l'Ecriture. Un des prédicateurs
qui sacrifia le moins, à cette époque, au goût naissant,
Etienne de Langton, voulait cependant que dans
le texte : « *Sint lumbi præcincti,* » la ceinture
représentât la mortification, la boucle la charité,
l'ardillon la discrétion, et la bourse pendant à la
courroie, l'aumône, dont le jeûne doit être accom-
pagné. (2)

Ces libertés étaient donc anciennes, (3) mais elles
s'étaient développées ; à la fin du xvie siècle, elles
étaient plus grandes que jamais, et nous devons nous
attendre à en retrouver la trace dans la manière de
François de Sales.

On voit tout d'abord par l'étendue des conseils qu'il

---

1. Voir entre autres le sermon anonyme composé sur la
chanson « Belle Alis se leva, » et attribué à Etienne de Langton. — *Hist. littér.*, xviii, 64. — *La Chaire Française au
moyen-âge*, par Lecoy de la Marche, p, 86.

2. *La Chaire Française au moyen-âge*, p. 88.

3. Les plus grands génies et les plus grands saints en res-
sentirent l'influence. Albert-le-Grand, saint Bonaventure, saint
Vincent Ferrier, et beaucoup d'autres, que nous omettons, n'y
résistèrent pas toujours.

donne à l'archevêque de Bourges sur l'emploi
de l'Ecriture, l'importance qu'il y attache. Il commence même par déclarer que c'est en elle que ré-
side toute la prédication.

« Saint Paul dit, en un mot, à son Timothée : *Prœ-
« dica verbum* (II, *Tim.* 4). Il faut prescher la parolle
« de Dieu : *Prœdicate Evangelium*, dit le maistre saint
« François, duquel aujourd'hui nous faysons la feste;
« et explique cela, commandant à ses frères de pres-
« cher les vertus et les vices, l'enfer et le paradis. Il
« y a suffisamment de quoi en l'Escriture saincte pour
« tout cela, il n'en faut pas davantage. » (3)

Ces paroles sont remarquables. A part le mérite
qu'il y avait à rappeler en ces termes l'excellence des
Saintes Lettres, dans un siècle uniquement épris des productions de la littérature profane, il était beau de s'appuyer sur une autorité comme celle de saint François

---

3. OEuvres, 1865, I. — *Lettre à l'archevêque de Bourges*
p. XXIX.

*Divus Paulus dicit Timotheo suo : Prœdica verbum Dei
nimirum Et magnus ille Franciscus, cujus hodie festivi-
tas agitur :* Prædicate, *inquit,* Evangelium. *Idque explicat
mandans fratribus suis ut prœdicent virtutes et vitia, in-
fernum et paradisum. Abundè suppetit in Sacris Scripturis
undè ista petantur ; nec opus est aliis.*

d'Assise, et de recommander la prédication des grandes vérités du salut, alors que l'humilité et l'abnégation étaient si peu comprises.

Donc, d'après le bienheureux prélat, l'Écriture sainte pourrait à la rigueur suffire, et s'il faut se servir des docteurs chrétiens et des livres des Pères, c'est que leur doctrine est « l'Écriture saincte exposée », (1) comme leur vie est l'Evangile mis en pratique.

Mais comment faut-il se servir des passages de l'Ecriture ?

« Il faut, tant qu'il sera possible, que les passages « soient clairement et naïvement interprétés. » (2) Cependant avec la naïveté, comme on l'entendait de ce temps, on pouvait aller droit aux abus. Aussi François de Sales va-t-il entrer dans quelques détails. « Or, on peut bien user, dit-il, des passages de l'Es- « criture, les expliquant en l'une des quatre maniè- « res que les anciens ont remarquées :

« *Littera facta docet ; quid credas, allegoria ;*

---

1. *Lettre à l'archevêque de Bourges*, p. xxix. — *Sed quid aliud est doctrina SS. Patrum, quam Evangelium explicatum, quàm Scripturæ Sanctæ elucidatæ ?*

2. *Lettre à l'archevêque de Bourges*, p. xxxi. — *Verùm loca hæc appositè dilucidèque interpretari necesse est.*

« *Quid speres, anagoge, quid agas tropologia.* » (1)

Ce qui revient à dire qu'à part le sens littéral, il y a le sens spirituel, qui peut se rapporter à la foi, à l'espérance, ou à la charité.

La lettre enseigne les faits. Voilà le sens littéral, immédiatement contenu dans les paroles.

Mais avec le sens littéral, un passage de l'Ecriture peut avoir une signification symbolique par rapport à un mystère de la foi, c'est alors le sens allégorique ; si cette signification symbolique se rapporte à ce qu'il faut espérer dans l'autre vie, ou à ce qu'il faut pratiquer dans celle-ci, on pourra la désigner sous le nom de sens *anagogique* ou *tropologique* ; sous ces dénominations diverses, c'est toujours le sens spirituel.

On voit que ces vers, malgré leurs mots barbares et scolastiques, sont encore plus clairs qu'on ne penserait au premier abord, et comme dit François de Sales : « S'il n'y a pas trop bonne quantité, il y a de « la rime, et encore plus de raison. » (2)

---

1. *Lettre à l'archevêque de Bourges*, p. xxxi. — *Cæterum quadruplex est ea interpretandi ratio, quam veteres annotârunt.*

Littera facta docet.....

2. *Lettre à l'archevêque de Bourges.* p. xxxi. — *Metrum*

Pour le sens littéral, les conseils de **François de Sales** sont pleins de sagesse et de retenue.

« Il se doit puiser dans les commentaires des doc-
» teurs. » (1) Le travail du prédicateur doit se bor-
ner à développer le sens emprunté aux commentaires
autorisés. S'il y a diversité d'opinions, il faut s'abs-
tenir d'apporter en chaire les opinions qu'on voudrait
réfuter ; car on ne monte pas en chaire pour disputer
contre les Pères et les Docteurs. On peut bien apporter plusieurs interprétations, et les faire valoir l'une
après l'autre, (2) mais il faut laisser de côté celles qui
sont peu probables.

Il était difficile de mieux concilier ce qu'on doit au
respect de la parole de Dieu avec les libertés que récla-
me la piété. Le champ ouvert aux prédicateurs est à
la fois vaste et limité ; deux conditions également nécessaires à la dignité et au progrès de l'éloquence.

---

*dem sibi in his versibus non constat, sed consonantia, ac
imprimis recta ratio.*

1 *Lettre à l'archevêque de Bourges,* p. xxxi. — *Sensus
litteralis è doctorum commentariis hauriendus est.*

2. *Lettre à l'archevêque de Bourges,* p. xxxii. — *Plures
tamen interpretationes afferi possunt, laudando eas, et
aliam post aliam ad usum impendendo.....*

Le saint évêque a-t-il été aussi sage dans ses prescriptions pour le sens spirituel? Nous n'hésitons pas à l'affirmer. Nous verrons s'il a toujours suivi lui-même ses propres conseils, mais ils ne renferment rien que la méthode la plus austère ne puisse accepter.

Pour le sens allégorique, il faut que le prédicateur observe quatre ou cinq points.

Le premier est de tirer un sens allégorique qui ne soit point trop forcé, comme font ceux « qui allégorisent toutes choses. »

Secondement, quand il n'y a pas une très-grande apparence que l'une des choses ait été la figure de l'autre, il faut se contenter de rapprocher les passages sans en exagérer la signification symbolique.

Troisièmement, il faut que l'allégorie soit bienséante.

Quatrièmement, il ne faut pas faire d'allégories trop longues ; car elles perdent leur grâce par la longueur, et semblent tendre à l'affectation....

Cinquièmement, il faut que l'application se fasse clairement et avec un grand jugement, pour rapporter habilement les parties aux parties.... (1)

---

1. *Lettre à l'archevêque de Bourges, p.* xxxiii. — *Pro-*

Voilà ce que pense François de Sales du sens allégorique et, en général, du sens spirituel ; puis il ajoute :
« Il faut presque observer les mesmes règles aux sens
« anagogique et tropologique, dont l'anagogique rap-
« porte les histoires de l'Escriture à ce qui se passera
« en l'autre vie, et le tropologique les rapporte à ce
« qui se passe en l'âme et dans la conscience. » (1)

L'orthodoxie la plus respectueuse n'aurait rien à
ajouter à ces prescriptions. On ne saurait demander
davantage. Quand l'allégorie n'est pas forcée, mais
au contraire très vraisemblable, bienséante, simple

_sensu allegorico quatuor aut quinque puncta observet oportet
prædicator. 1° Ne allegoriam producat nimium contortam
et coactam, ut faciunt qui nihil non allegorisant.... 2° Ubi
non admodùm sit verisimile rem unam alterius esse figuram,
loca tractanda non sunt, quasi figura foret ; verum simpliciter comparationis in modum. ... 3° Allegoriam
quoque honestam ac decentem esse oportet... 4' Allegoriæ
ut magnæ longæque non sint oportet ; perdunt enim hac
longitudine gratiam suam, atque ad affectationem ten-
dere videntur. 5' Denique applicatio dilucide magno-
que cum judicio facienda, ut dextre partes partibus con-
ferantur._

1. _Lettre à l'archevêque de Bourges_, p. xxxiii. — _Eædem
pene regulæ pro sensu anagogico et tropologico observandæ:
è quibus anagogicus historiam Scripturarum ad illa refert
quæ in vita futura expectantur, tropologicus ad id quod
nunc geritur in anima et conscientia._

et claire, elle ne peut être qu'édifiante, et, par là
même, recherchée des prédicateurs.

Ce respect du texte, cet amour des bienséances
oratoires, de la concision, de la clarté, étaient autant
de qualités méconnues alors, et, pour François de
Sales, autant d'inspirations de génie ; d'un génie, chrétien par l'austérité des principes, le sentiment exquis
de la noblesse et de la dignité, français par la logique, la sobriété et le mépris du superflu.

Ceux qui l'accusent de trop de complaisance dans
l'interprétation des textes sacrés, n'ont pas assez remarqué qu'à côté du sens spirituel, les âmes pieuses
peuvent se permettre certains rapprochements, qui ne
sont pas l'explication vraie d'un passage, mais que ce
passage suggère dans la méditation. On n'a pas assez
fait la distinction, que François de Sales établit lui-
même, entre les passages qu'il faut traiter comme figure
l'un de l'autre, ou ceux entre lesquels il ne faut qu'é-
tablir une simple comparaison : distinction qu'il explique à merveille par l'exemple suivant :

« Le genevrier sous lequel Elie s'endormit de dé-
« tresse, est interprété allégoriquement par plusieurs
« de la croix ; mais moi, j'aimerois mieux dire ainsi :
« Comme Elie s'endormit sous le genevrier, ainsi
« nous devons nous reposer sous la croix de Notre Sei-

« gneur par le sommeil de la saincte méditation ; et non
« pas ainsi, qu'Elie signifie le chréstien et le genevrier
« signifie la croix. Je ne voudrois pas asseurer que
« l'un signifie l'autre, mais je voudrois bien com-
« parer l'un à l'autre ; car, ainsi, le discours est
« plus ferme et moins répréhensible. » (1)

Il serait difficile de mieux marquer la différence
qui existe entre le sens spirituel et ces comparaisons,
plus ou moins appropriées au texte. Le premier a ses
règles et ses principes, tandis que, pour ces rapprochements, il suffit d'obéir aux lois du goût, de la bienséance et de la foi.

Aujourd'hui qu'on est revenu des exagérations
du mysticisme, ces hardiesses sont encore permises à
la piété des prédicateurs, pourvu qu'ils aient le soin,
ainsi que le veut François de Sales, de ne pas donner
leurs explications comme l'interprétation commune
adoptée par l'Eglise.

---

1. *Lettre à l'archevêque de Bourges*, p. XXXII. — .....
*Juniperus, sub quâ obdormivit præ angustiâ Elias, a plu-
ribus allegoricè crux exponitur. At sic ego mallem dicere :
Quemadmodùm sub junipero obdormivit Elias, ità nobis
sub cruce Domini per somnum meditationis quiescendum ;
non autem ita, Eliam significare christianum, juniperum
crucem. Nolim quidem asserere alterum altero vere signi-*

Le plus souvent, notre orateur ne fit pas autre chose.

Dire, pour ne citer qu'un exemple, que dans ces mots : *Quam similis est juvenis iste consobrino meo* (Tob. 7), le Saint-Esprit a voulu nous engager surtout à reconnaître Dieu dans le prochain, serait peut-être forcer le sens spirituel, mais la comparaison qu'en tire l'orateur est de tout point irréprochable. A la lecture des lignes qu'il y consacre (1), faible écho de sa parole, on est frappé du tact avec lequel sont amenées ces considérations touchantes, de la profondeur avec laquelle sont développés les textes les plus simples et les moins saillants.

C'est ici surtout que nous n'osons pas citer, tant nous serions embarrassé pour choisir. Les sermons qui nous occupent ne sont, pour ainsi dire, qu'un tissu de comparaisons et de rapprochements, exprimés dans le style le plus imagé qu'on ait connu, et loin de songer à nous plaindre de l'abus que peut

---

ficari, sed alterum potius alteri comparari velim ; sic enim discursus firmior erit, minusque reprehensioni obnoxius.

1. *Sermon pour le troisiesme dimanche de Caresme.* (Recueilli). — Œuvres..... MDCXL. II p. 240 — 1865, I, 220 ; 1868, IV, 296.

faire l'orateur de ces allégories toujours fraîches et charmantes, nous sommes le plus souvent séduits par la grâce, l'onction, et quelquefois même la profondeur de jugement, qu'elles supposent chez leur auteur.

Cependant l'évêque de Genève ne s'est pas montré complètement fidèle aux règles qu'il posait lui-même. Malgré la séduction qu'exerce ce grand esprit, dès qu'on a un peu vécu avec lui, ayons le courage de l'avouer, l'orateur a dépassé par moments les limites, sinon de la convenance, au moins de la vraisemblance, et, s'il fallait le juger avec les mœurs de notre temps, nous dirions, de la gravité. Son âme aimante se plaisait aux effusions de la charité, n'avait que des accents paternels et suaves ; et inclinait par là même vers de pieuses exagérations. Le mysticisme d'une imagination aussi gracieuse et aussi féconde était, à la fois, trop tendre et trop fin pour que le vulgaire des auditeurs en fût digne, et que l'exemple n'en devînt pas dangereux. Accoutumé à la méditation des vérités chrétiennes, faisant de leur étude sa nourriture habituelle, cet esprit curieux et pénétrant, devait parfois toucher à la subtilité dans ses explications doctrinales, devenir minutieux, peut-être même puéril, dans son symbolisme, qu'il l'appliquât soit à l'Écriture, ce qui est le cas le plus fréquent, soit à de simples allégories naturelles.

Nous ne nous étonnerons pas de le voir comparer les sept paroles, que Notre-Seigneur adresse à la Samaritaine, avec la petite nuée que vit le serviteur du prophète Élie, après avoir regardé sept fois du haut de la montagne du Carmel. Cette figure ne lui suffira pas, et il rappellera que Notre-Seigneur fait avec la Samaritaine ce que le prophète Élisée fit en ressuscitant le fils de la Sunamite. De même que la petite créature bâilla sept fois, ouvrit les yeux et ressuscita, de même la Samaritaine bâillant sept fois, ressuscite. Ses bâillements ce sont les sept paroles qu'elle dit, et dont François de Sales va commenter la cinquième. (1)

Rencontre-t-il, dans un sermon, (2) ces paroles du Cantique des Cantiques : « *Favus distillans labia tua,* « *sponsa mel, et lac sub lingua tua,* » il se livrera à une longue discussion pour savoir ce qu'il faut entendre par ce miel et ce lait qui sont sous la langue.

---

1. OEuvres.... MDCXL, p. 99. — 1865, I, 247.
2. *Sermon sur l'Oraison.* MDCXL. II. p. 534. — 1865. I. p. 415. — 1868. IV. p. 558.

Si les évangélistes disent que saint Jean-Baptiste, dans le désert, ne mangeait que des sauterelles ou des cigales, qu'il ne mangeait point de raisins, ne buvait rien qui pùt enivrer ; notre prédicateur déclarera que son dessein n'est pas de s'arrêter sur tout cela, mais seulement sur ce que saint Jean-Baptiste mangeait des sauterelles ou des cigales. L'on ne sait, en effet, si les cigales sont célestes ou terrestres. Elles volent sans cesse vers le ciel, ne touchent la terre que fort peu, se nourrissent de rosée et chantent toujours. Or, saint Jean est lui-même une cigale mystique ; et c'est fort à propos que ce saint se nourrissait de cigales ; son oraison était si continuelle qu'on ne savait s'il était, lui aussi, du ciel ou de la terre. « S'il touchoit la terre pour prendre « ses nécessités, soudain il se relançoit du costé du « ciel où il avait logé son cœur et toutes ses affections, « se nourrissant plus de viandes célestes que terres- « tres. » Il chantait d'ailleurs, lui aussi, presque continuellement les louanges de Dieu, puisqu'il confessa lui-même qu'il n'était qu'une voix (1).

----

1. OEuvres… — *Sermon pour le dimanche dans l'octave de l'Ascension*, MDCXL. II, p. 536. — 1865. I, p. 418. — 1868… IV, p. 560.

On trouverait plusieurs autres exemples de cette naïveté excessive dans le choix et l'interprétation des textes de l'Écriture. Ainsi le même mélange de mysticisme tendre et d'enjouement gracieux se retrouve dans les explications qu'il donne sur le testament de Jésus (1).

C'est encore avec le même abandon qu'il entre dans le développement du texte : *Respicite volatilia cœli, quoniam non serunt neque metunt.* Il comparera l'Église à ces maisons où, à côté des oiseaux de basse-cour, qu'on élève pour leur utilité, on nourrit avec un égal soin des rossignols ou des fauvettes, dans le seul but de les entendre chanter. L'Église n'est-elle pas la maison de Dieu, et là, Notre-Seigneur qui est le père de famille, malgré sa sollicitude pour tous ses enfants, n'aime-t-il pas à s'en choisir quelques-uns, qu'il décharge de tout soin matériel, et destine uniquement à chanter ses louanges? (3)

Une autre fois, le cierge sera l'emblème de l'Incarnation, puisqu'il a trois natures différentes, mais unies;

---

1. *Sermon pour le Vendredi-Saint.* MDCXL, p.320. 1865, I, p. 363. — 1868, IV, 463.

3. *Sermon pour le quatriesme dimanche de Caresme.* MDCXL, II, p· 248. — 1865, I, 253. — 1868, IV, 341.

celle du feu qui représente la divinité de Notre-Seigneur ; celle de la mèche ou « du lumignon » qui rappelle l'âme de Jésus-Christ, et celle de la cire, qui figure son corps. (1)

Pour François de Sales, les commandements de Dieu et de l'Eglise ressemblent à un bel arbre ou bien à l'oranger, qui est toujours verdoyant. On a vu en Italie et en Provence, le long des rivages, ces beaux orangers qui sont, en toutes saisons, garnis de leurs feuilles, de leurs fruits, de leurs fleurs, car l'oranger ne se flétrit jamais. Or, il en est de même pour l'Eglise, ses feuilles sont les cérémonies, ses fleurs sont les actions, ses fruits sont les bonnes œuvres et les bons exemples qu'elle donne au prochain.

Nous voudrions pouvoir attribuer ces détails, aux religieuses de la Visitation ; mais trop de pages, empreintes du même caractère, se rencontrent dans ce qu'il a écrit de sa propre main, pour que nous puissions laisser à d'autres la responsabilité de ces allégories trop naïves et de ces subtilités.

N'est-ce pas dans un sermon, pris sur l'original,

---

1 Fragments inédits. — *Instruction pour le jour de la Purification*, 1865, ii. 299.

écrit par saint François lui-même, que nous trouvons, sans parler des similitudes un peu recherchées qu'il veut établir entre saint Jean et saint Pierre, cette explication plus ou moins probable du soin que met Notre-Seigneur à appeler, suivant les cas, son apôtre du nom de Pierre, qui veut dire puissant, et du nom de Simon, qui veut dire obéissant, de sorte qu'on peut dire, ajoute François de Sales : *Petrus factus est Simon usque ad mortem*. (1)

C'est bien aussi à François de Sales qu'il faut attribuer cette interprétation étymologique (2) du mot *Nazarenus*, qu'on a justement blâmée comme trop ingénieuse et trop raffinée. Ce terme était de ceux qu'il recherchait. Quand un texte touchait aux fruits, aux fleurs, aux animaux, surtout aux plus petits et aux plus faibles, il devenait pour François de Sales une source de rapprochements, où la fraîcheur de la forme le disputait à la naïveté du fond, mais où trop souvent aussi la subtilité se joignait à l'invraisemblance. Faut-il s'étonner dès lors, si le mot *Nazarenus*, qui veut dire *Fleuri*, l'arrête, chaque fois qu'il explique la légende de la Croix. Il y reviendra, à deux reprises, dans son

_____

1. 1865. — *Sermon pour la feste de sainct Pierre*, i. 516. — *Id.* mdcxliii, 410 et 411.

2. *Premier et deuxième sermon pour le Vendredi-Saint.*

plan de Sermon, *pour le jour de l'Invention de la Sainte-Croix*. (1)

Dans son sermon sur l'*Annonciation* (2), il n'oubliera pas de faire remarquer que Notre-Dame a été trouvée par l'ange en la cité de Nazareth, qui veut dire *fleurs*; et qu'elle fut par conséquent trouvée en la cité des fleurs. Or, cette cité représente fort à propos la religion, et c'est le point de départ d'une nouvelle comparaison.

Tant il est vrai qu'il lui faut toujours finir par une allégorie, empruntée aux choses de la nature. Dès qu'une parole de l'Ecriture se prête à une idée de ce genre, il s'en empare au risque de forcer le rapport. Oui, on a eu raison de le dire, François de Sales a aimé, senti, compris les symboles de la nature comme personne autre en son temps. A défaut du passage si connu de son *Esprit*, (3) dans lequel Camus expose le genre ordinaire de ses conversations, que de pages dans ses sermons en fourniraient la preuve !

Il ira jusqu'à emprunter aux auteurs profanes, aux

---

1. OEuvres du B. Fr. de Sales. — MDCXL, II, 104 et 105. — 1865, I, 382 et 383.

2. MDCXL, p. 356 — 1865, 1, 236.

3. *Esprit de Saint François de Sales*, IV, XXVI. Cité par Sainte-Beuve. *Port-Royal*, I, 243.

histoires naturelles, des termes de comparaison, lorsque l'Ecriture ne les lui fournira pas.

Il racontera qu'un jour, cherchant une similitude pour expliquer comme quoi Notre-Seigneur est mort pour notre salut, il ouvrit un livre, où il en rencontra une d'un oiseau, qui semble avoir été créé de Dieu pour servir de comparaison à propos de la Passion. Rien de plus admirable, selon lui, et de plus propre à montrer que Notre-Seigneur est mort pour nous.

Et voici pourquoi :

Cet oiseau s'appelle en français *Oriol* et en latin *Ictorus*. Il est jaune et néanmoins il n'est pas atteint de la jaunisse, mais il a cette propriété qu'étant attaché sur un arbre, il guérit ceux qui sont atteints de la haute jaunisse, même aux dépens de sa vie. En effet, si celui qui est atteint de ce mal regarde cet oiseau, celui-ci le regarde à son tour, et vient, pour ainsi dire, à être tellement touché du mal de l'homme, son grand ami, qu'il attire à lui, par commisération toute la jaunisse, et s'en charge si bien qu'il devient beaucoup plus jaune qu'auparavant, pendant que l'homme malade devient, au contraire, blanc comme par le passé et guérit tout à fait. Mais après cela le pauvre oiseau s'éloigne et languit, *chantant un chant pitoyablement amoureux,* à cause du bonheur qu'il éprouve à mourir pour délivrer l'homme. Chose admirable, s'écrie notre orateur, cet oiseau n'est jamais malade de la haute jaunisse, et cependant il en meurt pour délivrer l'homme qui en était atteint, et c'est avec bonheur qu'il meurt pour lui donner la vie.

On devine le reste, et comment François de Sales explique les rapports qui existent entre cet oiseau et Notre-Seigneur mourant sur la croix pour sauver les hommes.

Vient-il à parler de saint Luc, comme ce saint était médecin et peintre, il fera son « petit discours sur ce subject, » et il le divisera en deux points : « au premier, il verra comment les religieuses doivent être désormais des médecines, et au second des peintresses. (1) » On prévoit les développements donnés à ces deux idées.

Sans doute le charme et les couleurs du style font tout pardonner, nous pourrions même dire tout aimer, car tout est aimable dans saint François. On s'attache à ces descriptions suaves, à ces rapprochements naïfs, à ces allégories pleines de sentiment et de fraîcheur. On en serait presque à regretter

----

1. *Instruction pour la feste de S. Luc* — 1865, ii. **372**.

que le prélat se fût imposé plus de retenue. Toutes
ces figures, toutes ces comparaisons ont leur source
dans une grande tendresse de cœur. On aime ce langage coulant et coloré, parce qu'il est celui de l'amour
le plus pur et le plus communicatif. Le côté le plus
séduisant de son esprit ne consiste-t-il pas, après tout,
dans ce gracieux enjouement qui promène les lecteurs
de saillies en saillies, de symboles en symboles, sans
jamais les fatiguer, et surtout sans offenser leur délicatesse. Si forcées et si naïves que soient les allégories
chez notre Saint, elles ne laissent pas d'édifier, et l'on
peut toujours dire en les lisant ce que disait un
contemporain : « On sent qu'il aime et qu'il doit être
« aimé ; mais qu'il veut qu'on n'aime que Dieu. » (1)

Pour choisir dans ses figures favorites un terme de
comparaison, ses sermons ressemblent à un parterre
émaillé de fleurs de toute espèce, depuis les plus
modestes jusqu'aux plus précieuses ; mais toutes brill-
lant de fraicheur et de pureté, grâce à la rosée qui ne
leur fait jamais défaut et à l'atmosphère embaumée
qu'elles respirent. Parmi ces fleurs on en trouve de
bien humbles, ou de trop soignées, mais, comme il

---

1. Lettre du père de Tournemine sur les ouvrages **et le**
style de S. François. — 1865, I.— p. XVIII.

le disait lui-même, des fleurs du jardin de l'Eglise :
« toutes ont leur prix, leur grâce et leur esmail et
« toutes en l'assemblage de leurs variétez, font une
« très-agréable perfection de beauté. » (1)

Cependant, redisons-le, ce qui est attrayant pour
les lecteurs d'aujourd'hui, était d'un exemple dangereux pour les prédicateurs d'autrefois. L'Evêque de
Genève pouvait seul se maintenir dans cette voie de
mysticisme fleuri et sentimental, car seul il avait le
tact nécessaire, sinon pour éviter les fautes de goût,
du moins pour conserver la dignité de l'orateur chrétien.
De plus il avait seul, au degré suffisant, ce don d'a-
ménité et cette délicatesse d'expression qui font tout
accepter.

Le malheur fut que d'autres voulurent marcher à
sa suite, et de là, comme on l'a dit: « cette mauvaise
« postérité d'écrivains mystico-allégoriques qui dé-
« pend, à quelque degré, de saint François. » (2)

Les prédicateurs surtout s'enhardirent par l'exemple du grand évêque, et c'est alors que l'on vit renaître
ce genre, dont les excès de la ligue et les extrava-

---

1. 1865, IV. — *Traité de l'Amour de Dieu*, II,
chap. VII.

2. *Port-Royal.* I, 259.

gances des derniers prêcheurs, avaient préparé la décadence. Involontairement notre Saint le remit en honneur ; alors parurent des recueils de sermons avec des titres comme celui-ci : « *Anatomie des grandeurs* « *de la mère de Dieu,* » (1) que l'on dédiait dans ce style à l'Evêque métropolitain.

« Que si les Égyptiens, ayant aperçu que l'élé- « phant adore le soleil levant, l'ont employé pour hiéro- « glyphe de l'homme, l'estimant à cet effet le plus rai- « sonnable parmi les irraisonnables, qui n'applaudi- « rait à mon dessein né pour honorer l'orient de votre « dignité pontificale, métropolitaine. » (2)

Voilà ce qu'amenait la mode des similitudes natu- relles, si familières à François de Sales.

Qu'il commente le texte suivant de l'Ecriture : *Messui myrrham meam cum aromatibus meis, comedi favum cum melle meo, bibi vinum cum lacte meo,* et qu'il trouve dans ces paroles l'explication des trois mystères de la Passion, de la Résurrection et de l'Ascension du Sauveur, nous aurons déjà lieu d'être

---

1. Distribuée en huit sermons, prêchés à Nancy par mon- seigneur de Rauquemarre, en 1621. — *Paris,* 1623. — Bi- bliothèque Sainte-Geneviève.

2. *Ibid.* — Dédicace.

frappés de ce commentaire inattendu ; mais ne faut-il pas regretter ce qu'il ajoute sur les mots : *comedite amici et bibite*, qui terminent le texte déjà cité? Cette distinction qu'il fait entre la manière de mâcher la viande et d'avaler le vin, pour expliquer la différence qui existe entre le travail de la foi et la douceur de la contemplation, (1) ne nous ramène-t-elle pas à ces discours du temps où la parole de Dieu était comparée, non plus à une nourriture, mais à une table bien garnie, dont des prédicateurs, tels que Valladier, se chargeaient de nous décrire le service ?

Là, il est vrai, les couchettes, le sel, les couteaux, la vaisselle d'argent, le vinaigre, le miel, les herbages les fruits, le pain, le vin deviennent tout autant de points de comparaisons et d'analogie. Ce n'est pas tout, l'orateur dira ensuite qu'il faut se disposer à ouïr la parole de Dieu comme on se dispose à s'asseoir à table. C'est-à-dire laisser les affaires à part, se laver les mains, bénir la table, et il continuera sur ce ton, émaillant sa comparaison de traits semblables à celui-ci : la parole de Dieu étant un couteau, il faut

---

1. *Sermon pour le dimanche dans l'octave de l'Ascension.* —Œuvres, MDCXL, II, p. 542.—1865, I, 425.—1868, IV, 571.

manger le couteau ; Virgile ne déclare-t-il pas heureux les grecs de manger les assiettes ? (1)

Plus ces raffinements nous paraissent ridicules chez les autres, plus nous devons regretter que François de Sales ne se les soit pas absolument interdits.

Sans doute, il y a entre les extravagances de Valladier et les allégories de saint François, toute la distance qui sépare la délicatesse et l'onction du burlesque et du trivial ; mais il y a en commun la subtilité, l'esprit de recherche, et les écarts du premier ne sont que l'exagération d'un système connu du second. Oui, celui-ci aime trop à poursuivre les comparaisons dans tous leurs détails, et ces rapprochements singuliers, si délicats qu'ils soient, ont bien pu donner lieu plus tard à ces symboles, incompréhensibles à force d'être minutieux, et inconvenants à force d'être puérils.

La naïveté charmante de saint François peut nous faire accepter des raisonnements comme celui-ci, sur le texte : « *Vox Domini præparantis cervos, revelabit con-* « *densa.* Mes frères, les biches ont tellement grande

---

1. *Métanéalogie sacrée..... — Sermon sur la Cananée pour le deuxième jeudi de Caresme.*

« difficulté de faonner ou faire leurs petits, que jamais
« elles n'en viendroient à bout, si les tonnerres ne les
« faysoient poser de frayeur, ou qu'elles n'usassent
« d'une herbe appelée *siselle*, et ainsi en hébreu, au
« lieu que nous avons : *Præparantis cervos*,
« il y a *parturire facientis*. Ainsi semble-t-il
« que par ce son véhément Nostre Seigneur ayt
« voulu faire enfanter les sainctes prédications à
« ses Apostres, et par le moyen de ses Apostres à tout
« le monde, lesquels estoient comme engrossez de la
« cognoissance d'un vray Dieu et Sauveur par plu-
« sieurs conjectures naturelles et du paganisme ; de
« quoy je me rapporte à Eusèbe, *De præparatione*
« *Evangelica*. Mais de nous-mesmes nous ne pou-
« vions enfanter qu'après cette saincte venue du Sainct-
« Esprit, qu'après ce feu, ce vent, ce tonnerre, quand
« la promulgation de l'Evangile commença. (1) »

Mais ne prévoit-on pas quels inconvénients peut amener l'introduction de semblables détails dans les sermons ? Déjà Séguiran sera moins heureux lorsqu'il
voudra découvrir sous les mots : « *Venter tuus ebur-*

---

1. Œuvres... MDCXL, II, 11. — 1865, I, 441. — Voir aussi
ce que notre Saint dit de l'Aigle. — *Sermon pour la feste de*
S. Pierre.. — 1865, I, 520.

neus », un sens nouveau, et cherchera dans *Eburneus*, une image de la régénération de l'humanité par le baptême : l'ivoire étant mis là pour désigner l'éléphant qui, au dire des naturalistes, se délivre de son fruit dans les eaux, de même que l'Eglise enfante les fils d'Adam à une nouvelle vie, dans les ondes baptismales. (1)

Donc si François de Sales ne fait pas naître les abus, il les encourage sans le savoir. Après les subtilités qui avaient déjà fait dire à Erasme, avec quelque vérité, des prédicateurs de son temps : « L'Ecriture « est entre leurs mains comme un morceau de cire, (2) »

---

1. *Sermons doctes et admirables sur les Evangiles des dimanches et festes de l'année, preschés en divers lieux par un docte et célèbre personnage de notre temps.* — Paris, 1617.. p. 32. Cité par M. Jacquinet. — *Des Prédicateurs du XVII° siècle..*, p. 53.

2. « *Arcanas litteras perinde, quasi cereæ sint, pro libidine formant et reformant* ». *Moriæ encom.* — Londini, 1777.

On peut voir aussi dans la harangue de M. de Lion comment les auteurs de la *satire Ménippée* parlent du même défaut. L'orateur dit, entre autres malices :

« Je laisse à messieurs les prédicateurs de tenir toujours en haleine leurs dévots paroissiens et réprimer l'insolence de ces demandeurs de paix ou de pain. Ils sçavent les passages de l'Ecriture pour accommoder à leurs propos, et les tourner, virer aux occasions comme ils en auront besoin. » — *Satire Ménippée*, MDXCIII, p. 89.

le genre de l'évêque de Genève avait un danger ; les excès du lendemain l'ont prouvé.

Du reste notre orateur semblait reconnaître lui-même les inconvénients de sa manière : « Ce sont des « surcroissances, dit-il ; la nature même, qui est une « si sage ouvrière, projetant la production des raisins, « produit quant et quant, comme par une prudente « inadvertance, tant de feuilles et de pampres, qu'il « y a peu de vignes qui n'ayent besoin en leur saison « d'être effeuillées et ébourgeonnées. (1) » C'est très-gracieusement s'accuser d'un défaut, mais le défaut n'en existe pas moins, et ce qui est feuille et pampre chez François, est le plus souvent mauvaise herbe chez d'autres, qui, à leur tour, n'effeuilleront pas.

Nous ne voudrions pas donner Camus pour exemple de ce qu'on devenait à l'école d'un tel esprit. Jamais on ne fera assez la part de l'humeur folâtre, de l'imagination délirante du bon évêque de Belley. Cet intarissable auteur d'ouvrages, aussi ridicules par le titre que par le nombre, (2) fut l'ami et non le disciple de François de Sales. Peut-être se donnait-il comme tel,

---

1. OEuvres... 1865, iv. *Traité de l'amour de Dieu.* — Préface.

2. Nicéron en compte jusqu'à cent quatre-vingt-six, sur tous les sujets.

mais il se trompait. Hardi dans son langage jusqu'à
.la licence, exagéré dans son symbolisme jusqu'à la
bouffonnerie, sans frein dans son érudition, sans discernement dans ses autorités, sans goût dans ses
œuvres, il est trop inférieur à François de Sales pour
avoir été formé par lui. (1)

Sans parler des reproches nombreux que lui faisait
notre écrivain, et que Camus a eu la franchise de
nous transmettre, on ne peut vraiment voir dans le
laisser-aller de l'évêque de Genève, l'origine et la
cause des fleurettes et des joyeusetés de son ami.

Nous dirions plutôt que cet esprit n'a pas été assez
formé par François de Sales. Camus, malgré ses extravagances, a du bon et beaucoup ; ses flots bourbeux
roulent de l'or ; et peut-être en laisseraient ils aperce-

----

1. L'abbé Gouget ne craint pas de mettre au même rang
Camus et Valladier, mais il dit de François de Sales :

« J'excepte de ce nombre les sermons de François de Sales,
« évêque de Genève On y voit un homme instruit de la religion,
« pénétré des vérités qu'elle enseigne, embrasé du feu de l'a-
« mour de Dieu, qui cherche à l'allumer dans le cœur de ceux
« à qui il parlait, et qui est même souvent fort et pressé dans
« ses raisonnements. Il tombe d'ailleurs moins que les autres
« dans les défauts ordinaires aux prédicateurs de son temps. »
*Biblioth. Française de l'abbé Gouget, chanoine de Saint-
Jacques-de-l'Hôpital,* MDCCXLI, ii, 284.

voir davantage si l'évêque de Genève s'était plus étudié à en diriger et purifier le courant. Il fallait tenir
en garde contre le symbolisme et les similitudes cette
imagination indomptée : saint François ne l'a pas fait
assez.

Qu'il manifeste devant Camus son penchant pour
des ouvrages comme l'Astrée, et son ami y verra un
encouragement pour ses romans religieux ; qu'il ne
parle que par similitudes, qu'il les conseille, et son
ami se jettera, sans discernement aucun, dans cette
voie si dangereuse pour son imagination vagabonde.
Alors verront le jour les *Agathonphile*, les *Dorothée*,
ou, dans un autre genre, les *Parénétique de l'a-
mour de Dieu*, (1) les *Métanées*, les *Métanéacar-
pies*, etc..., ouvrages dans lesquels se heurtent les traits
d'esprit, les axiomes de morale, les calembourgs et
les citations profanes. Là le mysticisme toujours si
édifiant de François devient souvent un bavardage

---

1. C'est à propos de cet ouvrage que François de Sales, dans
la préface de son *Traité de l'amour de Dieu*, se laisse aller
jusqu'à appeler son ami : « Un fleuve d'éloquence qui flotte
meshuy parmi toute la France par la multitude et variété de ses
sermons et beaux escrits. »
De tels éloges n'étaient pas faits pour guérir Camus, il faut
en convenir.

énigmatique, l'abandon devient du badinage, et le rire remplace bien des fois, comme résultat, les bonnes pensées, les mouvements pieux que provoque si bien la manière de notre saint Prélat.

L'évêque de Genève mourut, il est vrai, avant d'avoir pu mesurer tous les écarts, dans lesquels de trop séduisants exemples ou de trop affectueux conseils jetteraient cette imagination portée aux excès. Nul doute que plus tard, il n'eût voulu émonder un arbre aussi touffu. Mais il n'était plus là, et son ami n'avait pour se guider que la mémoire des suaves entretiens du passé. L'action en avait été si puissante, le souvenir en resta si vivace, que Camus crut devoir, lui aussi, manier cette langue. C'était une illusion ; François de Sales seul en avait eu le secret ; s'en servir après lui, c'était la défigurer, l'exagérer et la flétrir. Camus ne le comprit pas, les biographes et les apologistes de François de Sales ne le comprirent pas non plus, et c'est pour avoir essayé de parler de saint François dans son style inimitable, qu'ils ont donné : *La vie symbolique,* (1) *Les caractères ou les peintures de la vie du bienheureux Fran-*

____

1. Gambart.

çois, (1) *Le magnifique triomphe de **saint** François.* (2)

Un autre publiera, en latin : *Cynosura mystica navigationis sancti Francisci,* c'est-à-dire : *la petite ourse de la mystique navigation de saint François, divisée en rayons.* Inutile de dire que dans ces livres s'entassent pêle-mêle, les emblèmes, les fleurs, les traits d'esprit, les anagrammes, tout le bagage enfin du mauvais goût et de l'allégorisme raffiné.

C'est ainsi qu'on comprenait les conseils de saint François sur l'emploi des symboles ou l'usage des similitudes.

Que François de Sales dise des similitudes : (3) « Elles « ont une efficace incroyable à bien ésclairer l'enten-

---

1. Nicolas de Hauteville.

2. Messire Antoine Arnauld, qu'il ne faut pas confondre avec le grand Arnauld de Port-Royal.

3. *Incredibili sunt efficaciâ (similitudines) ad illustrandam mentem et promovendam voluntatem. Ab actionibus humanis ducantur, ab aliis ad alias transeundo, ut ab iis quæ pastores ovium faciunt ad ea quæ episcopis et pastoribus sunt facienda, uti dominus noster... Ab historiis item naturalibus, herbis, plantis, animalibus, e philosophia, denique e nulla non repetuntur.*

« dement et à esmouvoir la volonté. On les tire des
« actions humaines passant de l'une à l'autre…. Des
« histoires naturelles, des herbes, des plantes, des
« animaux, de la philosophie, et enfin de tout.

  « Les similitudes des choses triviales, (1) estant
« subtilement appliquées, sont excellentes… Celles qui
« sont tirées des histoires naturelles, si l'histoire est
« belle et l'application belle, c'est un double lustre. (2) »

Tous ces conseils sont acceptables, et même excellents, si on les entend bien ; mais n'est-il pas évident
que les contemporains les entendront mal, et n'en avons
nous pas des preuves trop nombreuses?

François de Sales dit : « Or, il y a un secret en cecy
« qui est extrêmement profitable au prédicateur; c'est
« de faire des similitudes tirées de l'Escriture, de cer-
« tains lieux où peu de gens les sçavent remarquer. (3) »

Camus croira sans doute avoir admirablement suivi
ce conseil, lorsqu'il dira au duc d'Orléans dans un
sermon :

---

1. C'est-à-dire, ordinaires, comme on le voit par l'exemple
que choisit François de Sales : la parabole de la semence.

2. *Lettre à l'archevêque de Bourges*, xxxv. = *Ex naturalibus petitœ historiis, si et historia bella et pulchra applicatio, duplex decus habebunt.*

3. *Lettre à l'archevêque de Bourges*, xxxv. — *Cœterum*

« Monseigneur, dimanche dernier, je prêchai le
« triomphe de Jésus-Christ à Jérusalem : vendredi,
« sa mort ; hier sa résurrection, et aujourd'hui je
« dois prêcher son pélerinage à Emmaüs avec deux
« de ses disciples. J'ai vu, Monseigneur, Votre Altesse
« Royale, dans le même état. Je vous ai vu triom-
« phant dans cette ville avec la reine Marie de Mé-
« dicis, votre mère ; je vous ai vu mort par des arrêts,
« sous un ministre ; je vous ai vu ressuscité par la
« bonté du roi, votre frère, et je vous vois aujourd'hui
« en pélerinage. D'où vient, Monseigneur, que les
« grands princes se trouvent sujets à ces changements?
« Ah ! Monseigneur, c'est qu'ils n'écoutent que les
« flatteurs, et que la vérité n'entre ordinairement dans
« leurs oreilles que comme l'argent entre dans les
« coffres du roi, un pour cent (1). » Saint-François
voulait-il aller jusque-là, évidemment non. Et le désir
de dire une malice à l'abbé de la Rivière, flatteur en
renom, et à M. Tubœuf, intendant des finances,
étaient pour beaucoup dans ces saillies du joyeux

---

*arcanum hic est permagnæ prædicantibus utilitatis Est
autem, ut similitudines ex iis S. Script. locis petantur,
ubi pauci eas observare valeant.*

1. Cité par M. Demogeot. — *Tableau de la Littéaature
française au XVIᵉ siècle.* p. 40.

évêque de Belley. Mais enfin, les conseils de François pouvaient paraître les autoriser, surtout lorsqu'il fait suivre les avis que nous venons de citer, d'un exemple comme celui-ci :

« David, parlant du mondain, dit : *Periit memoria*
« *eorum cum sonitu* (Psal. 9). Je tire deux simi-
« litudes de deux choses qui se perdent avec le son.
« Quand on casse un verre, en se cassant il périt en
« sonnant : ainsi les mauvais périssent avec un peu
« de bruit, on parle d'eux à leur mort ; mais comme le
« verre cassé demeure du tout inutile, ainsi ces miséra-
« bles, sans espoir de salut, demeurent à jamais perdus.

« L'autre : quand un grand riche meurt, on sonne
« toutes les cloches, on lui fait de grandes funérailles ;
« mais, passé le son des cloches, qui le bénit, qui
« parle de lui ? Personne. (1) »

Après de semblables avis, le saint évêque aura beau dire : « Mais en cecy il faut estre discret et sobre. (1) » Beaucoup de ses lecteurs ne retiendront que ce qui précède ; Camus, entre autres, qui sait cependant

---

1. *Lettre à l'archevêque de Bourges*, xxxv. — ... *David,
de homine mundano loquens, ait : Periit memoria eorum
cum sonitu. Duas ergo similitudines peto ab his rebus.*

Cum vitrum frangitur, sonando perit ; ita mali modico

si bien redire aux sœurs combien leur vénéré fondateur tenait au sens littéral, et donner des exemples de ses scrupules, Camus, n'en sera pas moins hardi dans ses allégories et romanesque dans son mysticisme.

Donc, jusqu'à un certain point, les conseils et les exemples de l'évêque de Genève sur le symbolisme furent malheureux.

Je ne sais si la gravité des abus, qui avaient cours de son temps, nous fait trop redouter les conséquences de ce qui, chez François de Sales, ne fut qu'un excès de douceur et de simplicité, ou bien encore si notre admiration pour lui nous fait exagérer son influence et la portée de ses leçons, mais nous venons, à notre avis, de signaler le côté le plus faible de ce grand prédicateur.

---

cum fremitu pereunt. Quia cum sonitu pereunt, in morte corum de illis fit sermo. Sed veluti vitrum factum inutile prorsus manet; ita et hi miseri, sine spe salutis perditi, manent in æternum. Item cum quispiam apprime dives moritur omnes pulsantur campanæ, splendida illi adornatur pompa funebris: sed ex quo campanæ cessarint, quis illi benedicit aut omnino de ipso loquitur ? Nemo profecto.

1. *Lettre à l'archevêque de Bourges*, xxxvi. — *Sed in hac re discretus et sobrius esse oportet.*

CHAPITRE IV

L'Orateur.

Sommaire.

Physionomie littéraire que donne à François de Sales sa simplicité naturelle. — Caractère sérieux et discret de sa vaste érudition. — Sermon pour le jour de l'Assomption. — Même sermon chez Pierre de Besse. — Ce que gagne François de Sales à cette sobriété oratoire. — Ses idées sur le fond de la prédication. — Ce qu'il pense des histoires profanes, des fables des poètes, des vers. — Admirable trait de modestie. — Influence décisive de la sainteté de François de Sales sur la réforme de la prédication religieuse en France. — Les sentiments de notre prédicateur sur le ministère de la chaire. — Austérité de ses principes. — Importance et à propos de ses conseils. — Non-seulement François de Sales proteste par son exemple contre l'érudition profane, mais encore contre l'emphase et l'enflure du langage. — Eloquente rapidité de son style. — François de Sales et Bossuet. — Reproches de M. de Boisy à son fils. — Comment François de Sales y répond. — La rigueur de quelques-uns de ses conseils expliquée par sa vertu et la nature de son génie. — Sages tempéraments qu'il apporte dans ses exigences. — François de Sales prédicateur est homme de goût. — Quel sens faut-il donner à cette qualification, à l'époque qui nous occupe, et comment François de Sales la mérite-t-il?

CHAPITRE IV.

Après tout ce que nous avons dit du charmant laisser-aller de François de Sales, il paraîtra peut-être
étrange au lecteur de nous voir chercher à définir
la valeur littéraire d'un prédicateur qui se préoccupa si peu de sa réputation d'écrivain. Mais,
à bien réfléchir, n'est-il pas évident que, loin de
nuire au talent ou à la renommée de l'évêque
de Genève, sa modestie naturelle et sa sainte abnégation les ont, au contraire, sauvegardés ? Dans un
temps où le pédantisme de l'érudition le disputait à la
redondance du style, le plus sûr moyen, pour un bon
esprit, de se montrer supérieur, était de n'y pas prétendre. Lorsqu'on sait à quelles laborieuses et puériles extravagances descendaient alors, pour le fond

et la forme des sermons, les prédicateurs en vogue,
on est très-disposé à croire que le plus grand mérite
oratoire de François de Sales, sa véritable originalité,
consiste précisément dans le ton coulant et facile de
sa composition. Tant il est vrai que cette candeur délicate de sa nature est la source de tout ce qu'il faut
admirer chez lui, qu'il s'agisse de l'homme ou de
l'écrivain, de ses qualités littéraires ou de ses vertus
apostoliques !

Autant il eût fallu craindre, chez un autre orateur
du temps, cette passion de la simplicité, autant, avec
la distinction native de François de Sales, elle pro-
mettait pour la réforme de l'éloquence religieuse en
France. On en était assuré d'avance, notre orateur
ne perdrait pas en noblesse pour le choix des pensées
et l'explication de la doctrine ce qu'il gagnerait en
clarté et en naturel. Il pouvait devenir trop abondant,
et ne pas échapper toujours à de puériles longueurs,
mais pour faire contre-poids à sa gracieuse imagination, il avait son éducation et ses mœurs aristocratiques
qui le défendaient contre les trivialités du langage et
les écarts grossiers du goût. Il n'a pas cru, comme
les prédicateurs savants de son temps, que l'élégance
était l'afféterie, que la profondeur et l'obscurité, l'é-
loquence et le bel esprit étaient synonymes ; il n'en a

que mieux dès lors conservé dans sa manière, dans le développement et l'expression de sa pensée, cette dignité suave, cette noble allure, qui s'alliait si bien chez le gentilhomme avec la douceur modeste du saint, et imprimait à ses œuvres ce caractère, à la fois séduisant et dominateur, que tous les biographes donnent à sa physionomie.

Avec un esprit si net et si délicat, nous n'avons pas à redouter ces visées littéraires qui s'étaient malheureusement emparées des prédicateurs contemporains, et les égaraient presque tous. Pour le talent de notre orateur, l'écueil sera toujours bien plus dans ses complaisances à l'égard de sa trop féconde imagination, que dans son ardeur à rechercher une richesse ou une originalité d'emprunt.

Le premier effet de cette disposition d'esprit, chez François de Sales, a été de préserver son érudition du caractère ambitieux et boursouflé qu'elle revêtait chez presque tous les orateurs contemporains.

Sans doute, comme tous les grands esprits de son siècle, François de Sales eut la passion de la science. Son étonnante érudition, qu'on n'a pas assez remarquée, le rendait tout-à-fait digne de figurer dans cette illustre galerie des savants qui furent la gloire du xvie siècle et du commencement du xviie. Quand, à l'âge de vingt-quatre ans, il fut reçu docteur, son examinateur, le fameux Guy Pancirole, ne trouva pas d'éloges plus grands à faire de ses vertus, que de dire qu'elles égalaient sa science. Ce qu'il était à Padoue, il le fut partout et toujours. Lorsque les soins du ministère vinrent absorber la plus grande partie de son temps, il sut encore nous donner tous ces ouvrages qu'on n'admirera jamais assez, dans lesquels la profondeur du fond le dispute à la simplicité de la forme, la clarté à l'érudition, et cela sans nuire à une correspondance qui, à elle seule, eut suffi pour occuper toute une vie.

Mais, nous nous empressons de le dire, dans son érudition, notre orateur est beaucoup plus sérieux que les prédicateurs contemporains.

La science chrétienne tient toujours le premier rang dans ses sermons. Il n'a jamais sacrifié les études religieuses aux recherches profanes. Le fond, l'élément de tout ce qu'il dit ou écrit, est puisé aux sources les plus respectables. Ce n'est qu'incidemment, et à de rares intervalles, que des traits plus ou moins heureux, des rapprochements peu utiles, viennent vous rappeler les habitudes du temps.

De son époque, il a l'ardeur pour l'étude, l'acharnement au travail, mais il ne connaît pas les ridicules amenés par l'exagération de ces qualités.

Sérieusement épris des littératures anciennes, sensible, autant que tout autre, aux beautés qui les distinguent, il eut cependant le bon sens de parler toujours français, dans un temps où les plus célèbres orateurs s'efforçaient encore de ressembler aux *escumeurs de grec ou de latin* qu'avaient admirés la génération précédente.

Nous le devinons d'ailleurs aisément : quand dans la chaire, il mettra sa droiture de jugement, sa simplicité de goût au service d'une vérité sainte et saintement aimée, s'il révèle, malgré ses brillantes études littéraires, quelques-uns des travers en vogue, ce sera par inadvertance, s'il touche au courant qui emporte les esprits, ce ne sera jamais que par le bord de son manteau.

S'il ne rompt pas entièrement avec les profanes, il sait, en général, éviter les citations puériles, et n'aime pas à poursuivre les rapprochements que l'Écriture ne lui fournit pas. La preuve en est dans les sermons qu'il prononça dans les circonstances les plus solennelles, et qui nous sont parvenus en entier, tels que le sermon sur *la Pentecôte*, sur *l'Assomption*, pour *la fête de Saint-Pierre*, et *l'Oraison funèbre du duc de Mer-*

cœur. C'est là surtout, malgré quelques imperfections de détail, qu'il nous est permis de constater l'heureuse sobriété oratoire dont nous parlons.

Dans le discours pour le jour de l'Assomption, on peut, par exemple, trouver superflues les deux comparaisons qu'il emprunte à Aristote et à Pline, sur les chèvres sauvages de Candie ou sur le Phénix.

François de Sales aurait pu se dispenser de ces citations puériles ; mais il y met une grâce telle que l'indulgence nous est commandée. Le rapprochement, il est vrai, est par trop ingénieux. Pour le trouver et le suivre, il fallait l'imagination de notre prédicateur, et il nous semble que ses considérations, du reste fort élevées, sur la mort de la Sainte Vierge ne gagnent rien à des explications aussi forcées.

Nous pourrions regretter encore les réflexions sur la piété filiale des cigognes ; mais toutes ces applications de la science païenne ou des fables profanes ne prouvent rien contre la réserve littéraire de François de Sales. Elles ont toutes leur source dans la tendance de son esprit à symboliser les choses de la nature, bien plus que dans le désir de faire étalage de ses connaissances variées et nombreuses.

En effet, dans ce discours, nulle trace de science orgueilleuse ou d'érudition raffinée. Tout est emprunté à l'Écriture sainte, textes, et raisonnements. Cependant le ton solennel de la péroraison suffit, à lui seul, pour nous révéler que l'auditoire était imposant et que le moment aurait pu paraître bien choisi pour faire parade de science. Si le Prélat avait dû céder à cette tentation, commune alors à tous les orateurs, c'était assurément devant un de ces auditoires, qui semblent courir au sermon plus encore pour juger et admirer le prédicateur que pour entendre la vérité.

Une seconde raison nous porterait à croire que le discours dont nous parlons eut du retentissement. Nous trouvons dans le recueil des sermons de Pierre de Besse, imprimé en 1618, et intitulé : « *Conceptions théologiques sur toutes les festes des saints et autres solennelles de l'année* », un sermon pour le même jour et qui a les plus grands traits de ressemblance avec celui de Saint François ; ce qui ferait supposer que Pierre de Besse usa, cette fois du moins, du procédé dont il aimait tant, au contraire, à se dire la victime, (1) et se permit d'emprunter, à son tour,

---

1. « Juge, lecteur, si ce n'est point un grand crève-cœur de « voir mon ouvrage contrefaict, mes estoffes déchirées, mes discours mis en lambeaux....... » *Concept. théol. pour toutes les fêtes des Saints. —Paris*, 1618. — Avis au lecteur.

au sermon de son contemporain. Il serait même curieux de comparer, à cette occasion, le genre des deux orateurs.

D'abord, on le devine, Pierre de Besse se garde bien de laisser passer les chèvres candiotes, le Phénix, les cigognes. On dirait même qu'il insiste sur ces comparaisons avec une certaine complaisance. Il vous expliquera que c'est dans l'île de Crête que les chèvres candiotes vont chercher l'herbe, appelée *Dictame*; que le Phénix est la perle des oyseaux de la nature, et habite dans l'Arabie heureuse... Les comparaisons de François de Sales ne lui suffisent pas; il tire aussi de « belles similitudes, » pour employer son langage, de la Vénus d'Apelles, des grands cerfs de la montagne, qui, blessés, ne meurent pas sur le coup et à la même place, (1) du feu qui est prisonnier et enclos en une nuée, comme nous voyons *aux batteries naturelles*, de l'aimant, de quelques paroles de Cicéron, « le petit païen », sur la vérité d'une histoire de Plutarque.

Ainsi renchérissait sur François de Sales Pierre de Besse, prédicateur ordinaire du roi. Qu'aurait-il

---

1. Et il ajoute : La mort est un grand chasseur, laquelle ayant fait mourir, sur la place du calvaire, ce grand cerf, J.-C.,

fait s'il avait eu, comme notre Saint, à prêcher devant
la cour et le parlement l'oraison funèbre du duc de
Mercœur? Nul sujet ne prêtait plus aux développements profanes ou à l'emphase du langage. Or, quand
nous aurons relevé, dans ce discours, la phrase sur
le peintre Tymanthe, la comparaison tirée des rats du
Nil, « qui se forment petit à petit », deux vers de
Virgile et cette citation de je ne sais quel natura-
liste : « *Leo qui omnibus insultat animalibus, solos
pertimescit gallos* », nous aurons à peu près signalé
tous les emprunts profanes de François. C'est encore
trop pour nous, mais c'était peu pour ses auditeurs.

Voilà comment, malgré sa nature vive et ardente,
François de Sales distingue dans ce chaos de formes
nouvelles, d'opinions incertaines et de systèmes exa-
gérés ; comment, malgré les obstacles que, par ses
qualités mêmes, son imagination pouvait apporter au
libre épanouissement de sa raison cherchant à démêler
les lois de la véritable éloquence, il a su approcher
de la vérité.

---

et par un contre-coup blessé cette belle biche qui est la Vierge,
elle n'est pas morte sur le champ, mais fuyant au mont du Calvaire, et nourrissant en son cœur et en son âme cette plaie mortelle, quelques années après elle est morte. — *Concept. th.*,
t. ii, 530.

Pendant que tous, autour de lui, mettaient leur imagination à la torture pour briller davantage, François ne fait que suivre la sienne et devrait même la maîtriser.

Bien des orateurs étaient forcés de se former une imagination, et de se la former par l'aliment ordinaire des imaginations violentées, par l'imitation. Voilà pourquoi les écrivains, et en particulier les prédicateurs, s'épuisaient en périodes emphatiques, en citations frivoles et en latinismes ambitieux. François de Sales, lui, n'a qu'à se laisser aller au courant de ses pensées. Il épanche les trésors de sa mémoire, sans s'astreindre au laconisme, sans chercher des amplifications superflues, sans mélange fatigant de métaphysique et d'histoire, d'hyperboles et de termes scientifiques; mais avec une intarissable fécondité, une érudition d'autant plus agréable qu'elle se laisse moins apercevoir, un art aussi séduisant que difficile à définir. S'oublie-t-il, il nous force à l'indulgence, et les fautes qui échappent à son érudition trop variée, portent avec elles leur excuse. A la pensée de tant de gens qui s'épuisaient à les commettre, on sait gré à celui pour qui elles eussent été si faciles, de n'en avoir pas commis davantage.

Nous avons dit ailleurs combien il était difficile de parler de méthode avec cet orateur, mais, ses sermons gagnent si fort en clarté et en logique, par l'allure discrète et mesurée de son érudition, que François de Sales est encore méthodique entre tous les prédicateurs contemporains. Rien n'était, en effet, plus nuisible à la solidité du discours, à l'enchaînement des preuves, à la force des raisonnements, que cette mode désastreuse, au-dessus de laquelle François de Sales avait su se mettre, et qui obligeait alors tout prédicateur à être d'autant moins compris qu'il voulait être plus goûté. De cette manie d'érudition fastueuse et de bel esprit, à laquelle des orateurs, tels que Mascaron, et parfois même Fléchier, devaient sacrifier longtemps encore après l'époque dont nous parlons, provenaient ces constructions embarrassées, ces parenthèses sans nombre, ces amas indigestes de citations, qui retardaient la marche du sujet, fatiguaient l'attention des auditeurs, et rompaient, à tout instant, le fil des plus simples démonstrations.

Mais François de Sales n'est pas de ceux qui visent plutôt à n'être pas compris qu'à l'être trop. Tout entier au soin de conquérir les âmes, il ne se soucie guère d'éblouir les esprits par ses talents et le luxe de sa science. S'il veut tempérer ce que

peuvent avoir d'austère les leçons de l'Evangile,
c'est par le souvenir des bontés de Dieu et le tableau
des charmes de la vertu qu'il entreprend de le faire,
et non par le pompeux étalage de ses connaissances,
ou les raffinements du bel esprit.

D'après lui « les histoires profanes sont bonnes ;
« mais il s'en faut servir comme l'on fait des
« champignons, fort peu, pour seulement réveiller
« l'appétit ; et lors encore faut-il qu'elles soient
« bien apprestées, et, comme dit St Hierome, il
« leur faut faire comme faysoient les Israélites
« aux femmes captives, quand ils les vouloient
« espouser. Il leur faut rogner les ongles et couper
« les cheveux ; c'est-à-dire les faire entièrement
« servir à l'Evangile (1) et à la vraye vertu chres-
« tienne, leur oster ce qui se trouve de répréhensible

---

1. C'est ce qu'il fait lui-même : « Lorsque je considère
l'histoire de l'Evangile, dit-il dans une instruction pour la fête
saint Thomas, il me souvient à ce propos de Protogène, ce
peintre ancien, lequel faysoit le métier de courtisan tout
ensemble ; ce qui fut cause que lorsqu'il peignit ce grand
prince Antiochus, lequel estoit borgne, il s'advisa d'un fait
digne de son esprict, pour cacher et flatter l'imperfection de son
prince. Il entreprit de le peindre en profil, luy faysant voir seulement la moitié de la face, qni estoit entière et belle, et ainsi

« es actions païennes et profanes, et il faut, comme
« dit la sainte parolle : *Separare pretiosum a vili*.
« En la valeur de César , l'ambition doit estre
« séparée et remarquée ; en celle d'Alexandre, **la**
« vanité, la fierté et superbe ; en la chasteté de
« Lucrèce, sa désespérée mort. »

On n'exige pas davantage aujourd'hui.

« Les fables des poëtes ? oh ! de celles-la point
« du tout, si ce n'est si peu et si à-propos et avec
« tant de circonspection, comme contre poison,
« que chacun voie qu'on en veut pas faire profession,
« tout cela si briefvement que ce soit assez. » (1)

Pour les vers, il est vrai, notre orateur est plus
facile. Il les trouve utiles, et d'ailleurs « les anciens
« les ont parfois employez, pour dévots qu'ils fussent ;

---

cacha sa défectuosité. En ce siècle où nous sommes, les histo-
riographes en font de mesme, pour ce qui regarde les faits des
grands rois ou princes de la terre, car ils cachent ou cèlent la
vérité, en tout ce qui a apparence de mal, et cela est cause
qu'on ne saurait rien apprendre d'eux. Mais l'Esprict de Dieu,
au contraire , dit la vérité sans flatterie quelconque, et pour
l'ordinaire nous voyons en l'Evangile qu'il nous découvre aper-
tement les choses les plus énormes de tous les grands saincts... «
— Frag. inéd., 1865, ii, 294.

1. *Lettre à l'archevêque de Bourges*, 1865, i, p. XXX.

« mesme jusqu'à Saint Bernard, lequel je ne sçay pas
« où il les avait appris. (1) »

Il faut remarquer cette raison que donne Saint
François pour autoriser les vers dans les sermons :
« les anciens les ont employés; » il ne veut

---

*Nunc autem quid de profanis historiis? Bonæ sunt, at
sic utendæ quemadmodum fungi ceu boleti, parce admo-
dum et ad proritandam orexim duntaxat; et quidem tum
bene adhuc præparatas et conditas esse oportet : illisque
faciendum, ut S. Hieronymus notat, quod mulieribus cap-
tivis quas uxores ducere cupiebant Hœbræi ; secandi iis
ungues, radendique capilli ; id est, ut Evangelio virtutique
christianæ prorsus deserviant, resecandum ab illis quid-
quid reprehensione dignum in actionibus gentilibus et
profanis se offert ; atque ita, quod sacra vox monet, sepa-
randum pretiosum à vili. (Jérem. XV). In fortitudine,
verbi gratia, Caii Cæsaris, secernanda et notanda ambitio :
in bellica Alexandri virtute, vanitas ejusdem, ferocia,
fastus ; in castitate Lucretiæ, non probanda violentia quam
sibi insana manu intulit.*

*Et quid de fabulis poetarum ? O, illarum nihil, nisi
tam parum, tamque apposite, et iis cum circumstantiis,
antidoti in modum, ut quisque videat nos talia non profi-
teri ; denique tam breviter, ut nihil supra.*

*Versus tamen eorum perutiles sunt. Antiqui religiosi,
quamvis illis interdum uti religioni sibi non duxerunt ;
ne Bernardus quidem, qui nescio ubi eos addidicisset.*

(1) OEuvres... 1865. — *Lettre à l'archevêque de Bourges,*
I, XXX.

pas qu'on rompe avec le passé. C'est d'un esprit qui prend parti pour la tradition contre les
nouvelles modes. Il n'a pas le mépris de ses devanciers, et, malgré son intelligence de la beauté des
modèles antiques, prédicateur, il eut toujours le bon
goût, de choisir les siens, plutôt parmi les saints que
parmi les rhéteurs. Aussi revient-il encore sur les
fables des poëtes, et appuie-t-il sa sévérité sur le
motif qu'il n'en a jamais rencontré dans les sermons
des anciens, « sauf une seule d'Ulysse et des sirènes,
employée par S. Ambroise. » (1) « C'est pourquoi je dy,
ajoute-t-il, ou du tout point, ou si peu que rien. »
Puis d'un mot, il condamne ce genre frivole des
prêcheurs ; « Il ne faut point mettre l'idole de Dagon
« avec l'arche d'alliance. » (2) Paroles bien vraies
qu'auraient dû méditer tous les beaux esprits du
temps.

François de Sales protestait donc, avec la double
autorité de ses exemples et de ses conseils, contre l'en-
vahissement, de plus en plus funeste à la chaire, des idées

---

1. *Verum ad fabulas quod attinet, in nullo eas veterum
sermone offendi, unica excepta de Ulysse et Sirenibus, qua
Ambrosius in uno suorum est usus.*

2. *Lettre à l'archevêque de Bourges*, xxx.

de l'antiquité païenne. Pour en arriver là, il lui a fallu résister à son imagination, étouffer toute pensée de vaine gloire, s'opposer au goût général et dominant, mécontenter même quelquefois les auditeurs par sa simplicité. Mais un saint ne connaît ni les complaisances arrachées par le seul désir de plaire, ni les ménagements gardés uniquement pour obtenir les succès de ce monde et les applaudissements d'un jour. En chaire François de Sales n'était plus que le ministre de la vérité ; sa seule préoccupation était le salut des âmes, sa plus grande crainte, de laisser percer l'homme lorsqu'il n'y a plus que le représentant de Dieu.

Il poussa cette abnégation jusqu'à l'héroïsme ; non-seulement il ne chercha pas le succès pour lui-même, il en eut peur. On connaît l'exemple d'humilité qu'il donna à Paris, à l'époque de son second voyage, en 1618. Invité, dès le lendemain de son arrivée, à prêcher dans l'Eglise des Oratoriens, il vit se presser aux pieds de sa chaire tout ce que Paris renfermait de distingué par la naissance et le savoir. Le roi, les deux reines, les prélats les plus illustres, les savants,

---

Quapropter dico, vix aut ne vix quidem iis utendum esse. Non est idolum Dagon cum arca fœderis collocandum.

s'étaient donné rendez-vous pour l'entendre, et la foule était si grande, disent les biographes, que l'on dût pénétrer dans l'Eglise par les fenêtres. Or, devant cet auditoire si brillant, l'évêque de Genève demeura fidèle à ses habitudes de modestie et de réserve. Après un exorde éloquent, il se borna à retracer, avec la plus grande simplicité, les actions de Saint Martin dont il prêchait le panégygrique. La déception fut générale ; Saint François seul était content de s'être humilié devant Dieu, et d'avoir donné cet éloquent exemple de détachement, en une ville où la vaine gloire arrachait tous les jours aux plus forts des faiblesses, quelquefois même des trahisons.

Quand je dis que tous furent déçus, je me trompe : saint Vincent de Paul, lui, comprit cet acte et l'admira. Longtemps après il le rappelait encore à ses frères, leur disant : « Voilà comment les saints répriment la « nature qui aime l'éclat et la réputation : voilà com- « ment nous devons faire nous-mêmes. » (1)

Il ne fallait rien moins que cette vertu pour sauver l'éloquence religieuse de la ruine qui la menaçait, et, même à ne parler qu'au point de vue littéraire, la

---

1. *Histoire de S. François de Sales*, II. 352. — Lettre du 9 novembre 1655.

sainteté de François de Sales eut plus de part encore
que son génie dans la réforme de la prédication française.

Entre autres résultats fort tristes, la décadence dont
nous avons parlé avait eu pour effet, dès le commencement, d'affaiblir le respect dû au ministère de la
chaire chrétienne et de corrompre le goût de l'auditoire. Une fois la prédication avilie et le goût des fidèles altéré, la chute n'avait été que plus rapide. (1)

En un temps dont Massillon a pu dire : « La chaire
« semblait disputer de bouffonnerie avec le théâtre, ou
« de sécheresse avec l'école, et le prédicateur croyait
« avoir rempli le ministère le plus sérieux de la reli-
« gion quand il avait déshonoré la parole sainte, en y
« mêlant ou des termes barbares qu'on n'entendait
« pas, ou des plaisanteries qu'on n'aurait pas dû enten-
« dre », (2) il fallait pour arrêter le mal que le prédicateur eût, au plus haut degré, le sentiment des convenances et le respect religieux de sa mission : le réformateur futur devait être, avant tout, un grand saint.

Or, il nous est facile, grâce au frère de Jeanne de
Chantal, de savoir quel respect et quel amour Fran-

---

1. Il faut lire à ce sujet les réflexions éloquentes de M. Jacquinet : *Des Prédicateurs du* xviie *siècle*, 106 et 107.

2. Massillon. — Discours à l'Académie.

çois de Sales avait pour la prédication ; respect et amour, ne serait pas assez dire : il en avait le culte et la passion.

André Frémiot, archevêque de Bourges, avait supplié le saint apôtre de l'aider de ses lumières dans le difficile ministère de la prédication. Le bon prélat céda enfin à ses instances, et, dans cette lettre dont nous avons déjà cité de nombreux passages, exposa avec autant de modestie que de savoir et de jugement, ce qu'il pensait de la parole chrétienne, ou, pour nous servir de ses propres expressions, « donna son « advis de la vraye façon de prescher. » (1)

Bien que notre écrivain n'ait pas voulu faire un traité sur la matière, nous ne savons pas si beaucoup de rhétoriques, à l'usage des prédicateurs, sont plus complètes, renferment plus de bons conseils, d'aperçus élevés , de règles utiles , que cette lettre écrite à un ami, dans toute la simplicité et l'abandon d'une causerie intime. (2)

---

1. OEuvres complètes de François de Sales, 1865, t. i, p. xxvi. — « De vera prœdicandi ratione sensa. »

2. « J'ay recogneu en M. de Bourges, écrivait, le 16 octobre 1604, François de Sales au président Frémiot, une si naïve bonté, et d'esprit et de cœur, que je me suis relasché à conférer avec lui des offices de nostre commune vocation, avec tant de

Or ce qui surtout frappe et émeut à la lecture de ces lignes, c'est la vertu qui les a dictées : Rien de plus sublime que la mission du prédicateur en ce monde. Voilà pour François de Sales le principe fondamental de l'art de prêcher, voilà sa rhétorique. Tous ses conseils sont une conséquence de cette grande idée : sa lettre entière n'en est que le développement. Nous ne saurions y trouver un avis, un mot, qui ne soit inspiré par la sainte ambition de relever autant que possible ce ministère de la parole sacrée, le plus beau qui ait été confié aux hommes.

Si même, nous devions critiquer un écrit qui n'était pas destiné à la publicité, nous verrions un défaut dans la physionomie sévère que semblent donner à cette lettre la rigueur des principes, et la condamnation de toute recherche littéraire.

Mais François de Sales écrivait à un archevêque. Interrogé par lui sur la vraie manière de prêcher, il ne consulte que sa piété, répond par une méditation plutôt que par un traité, n'était-ce pas bien naturel ? N'était-ce pas surtout d'un éloquent exem-

---

liberté, que revenant à moy, je n'ai sceu qui avait usé de plus de simplicité, ou luy à m'escouter, ou moy à luy parler. » — OEuvres.... 1865, viii, 231, lettre dcccxix.

ple à cette époque, célèbre par ses scandales ? Alors
que , pour citer le pieux biographe de Saint
Vincent de Paul, « c'était une espèce d'injure de
dire à quelque ecclésiastique de qualité qu'il était
prêtre », (1) avant la réforme de l'éloquence, une
réforme dans les mœurs et la piété était absolument
nécessaire : tous les historiens en conviennent, et la
gloire de François de Sales sera de l'avoir compris
mieux que personne. Ses opinions sont parfois
austéres, parce qu'au moment où il écrivait, l'homme
de Dieu le savait bien, l'éloquence attendait la vertu.
Plus que jamais il fallait que le prédicateur rappelât
la définition antique de l'orateur, *vir bonus dicendi
peritus*. Aussi voyez comment François de Sales, si indulgent pour les âmes, devient sévère lorsqu'il s'agit d'un
homme appelé à prêcher.

Et d'abord : « Nul ne doit prescher qu'il
n'ayt une bonne vie. » Telle est la première
de toutes les conditions, la doctrine et la mission ne
viennent qu'après. Mais en quoi consiste cette bonne
vie ? Quant à la bonne vie, elle est nécessaire « à la
façon que Saint Paul dit de l'évesque : *oportet*, dit
« Saint Paul, *episcopum esse irreprehensibilem.* »

---

1. Abelly *Vie de saint Vincent de Paul.* — Paris, 1837,
ch. 1er, page 3.

Et, le pieux auteur développe sa pensée : « Non
« seulement il faut que l'évesque et le prédicateur ne
« ne soient point vicieux de péchéz mortels, mais de
« plus qu'ils évitent certains péchéz véniels, voire mesme
« certaines actions qui ne sont point péchéz. Saint
« Bernard, notre docteur, dit ce mot: *Nugæ secularium*
« *sunt blasphemiæ clericorum.* Un séculier peut jouer,
« aller à la chasse, sortir de nuit pour aller aux
« conversations ; tout cela n'est point repréhensible
« et fait par récréation n'est nullement péché, mais
« en un évesque, en un prédicateur, si ces actions ne
« sont assaisonnées de cent mille circonstances qui
« malaisément se peuvent rencontrer, ce sont scan-
« dales et grands scandales. » (1) Et la raison, la
voici expliquée en deux mots, avec le bon sens qui
s'allie si bien, chez notre Saint, au bonheur de l'ex-

---

1. Œuvres.... 1865, *Lettre à l'archevêque de Bourges*, ı,
page xxvıı.

*Nemo prædicare debet, cui hæc tria non suppetant :
vita bona... Verumænoto episcopum et prædicatorem non
tantùm irreprehensibilem esse debere. ad peccatum mortale
quod pertinet, sed et peccata quædam venialia devitare ,
quin et actiones quasdam minime peccaminosas.*

S. Bernardus, doctor noster : Nugæ, inquit, secularium sunt

pression : « On dit : Ils ont bon temps, ils s'en don-
« nent à cœur joie. Allez après cela prescher la
« mortification, on se moquera du prescheur. » Ainsi
parlait l'évêque de Genève à ses contemporains. Un
tel langage était un acte de courage et la preuve d'une
grande élévation d'esprit ; car alors les moins criminels
étaient ceux qui s'amusaient à jouer et à chasser, (1)
et qui, prenant ces divertissements profanes et séculiers,
croyaient avoir beaucoup fait pour eux, et pour
l'Eglise, s'ils évitaient les écueils où d'autres faisaient
naufrage.

En un siècle pareil, appeler la chasse, le jeu, les
conversations frivoles, *des scandales* et *de grands
scandales*, c'était à la fois noble et hardi. Mais l'illustre prélat s'était dit : la fin et l'intention du prédicateur doit « estre de faire ce que Nostre Seigneur est venu

---

*blasphemiæ clericorum. Seculari ludere licet, venari, noctu
ad conversationes egredi ; totumque hoc reprehensione vacat,
et factum animi gratiâ caret culpa. At in episcopo, in
prædicatore, nisi id genus actiones mille circumstantiis
contiantur, scandala sunt, et magna scandala..... Quid
dicitur? Quàm illi tempore abundant! ut non male deli-
ciantur! Pos hæc vade, et mortificationem prædica : ri-
debitur prædicator.*

1. *V. Discours prononcé par le P. Senault, en 1666, en
l'assemblée de l'Oratoire.*

« faire en ce monde, » (1) et il ne trouvait pas de vertu
trop pure pour un ministère qui est : » la publication
« et déclaration de la volonté de Dieu faite aux hom-
« mes par celui qui est là légitimement envoyé afin de
« les instruire et esmouvoir à servir la divine majesté
« en ce monde, pour estre sauvez en l'autre. (2) »

D'ailleurs les sermons de François de Sales sont
l'application continuelle de cette noble et grave théorie.
Le saint se montre à chaque page, à chaque ligne. Il
faudrait citer le recueil entier, si on voulait ne négliger
aucune trace de l'ardent et pur enthousiasme qui
animait le pieux évêque. Il ne voyait aucune dignité
compatible avec celle de prédicateur. « Voylà mon
« estat, ma vocation et la fonction de mon minis-
« tère », (3) avait-il dit pour motiver son refus de la

---

1. OEuvres...... — *Lettre à l'archevêque de Bourges*,
I, XXVIII.

*Finis non alius quam facere quod Dominus in hunc
mundum venit ut faceret.*

2. OEuvres..... ibid. XLI. *Est, inquam, publicatio et decla-
ratio voluntatis Dei facta hominibus, per eum qui legitimè
missus est, in finem ut hi instruantur et moveantur ad servien-
dum ejus majestati in hoc mundo, ut salventur in altero.*

3. Lettre au président Fabre, MCXXVI du Recueil, t. VIII,
569.

dignité de Sénateur. A ses yeux un apôtre ne pouvait se distraire un instant de sa mission tant, il la jugeait importante et relevée!

Voyez avec quelle chaleur il parle des vertus nécessaires au ministre de la parole de Dieu : « Il est donc requis en premier lieu », dit-il dans son sermon pour *le jour de la Passion*, « que la personne qui parle, « et qui annonce la parolle de Dieu, soit irréprocha- « ble et que sa vie soit conforme à ce qu'elle enseigne, « ou bien sa parole ne sera pas reçeue et approuvée. » C'est pourquoi Dieu défend au pécheur par son « prophète d'annoncer sa parolle : *Peccatori autem* « *dixit Deus : quare tu enarras justitias meas et* « *assumis testamentum meum per os tuum!* Comment « misérable, lui dit-il, oserais-tu bien enseigner ma « doctrine par parolles et la déshonorer par ta mauvaise « vie! Comment veux-tu que ma parolle soit bien « reçeuë, ayant passée par une bouche si puante et si « pleine d'infection et de meschanceté? jà n'advienne « que j'aye un tel proclamateur de ma doctrine et « de mes volontéz. (1) » Ce ton est il assez véhément, et, sur les lèvres du Saint est-il l'expression assez claire

---

1. *Sermon pour le Dimanche de la Passion.* — 1865, i, 278. — 1868, iv, 375.

du dégoût que lui inspire un prédicateur peu édifiant !
Il ajoute, il est vrai, que cela ne doit s'entendre que
des grands et signalés pécheurs, mais c'est parce que
tous les hommes sont pécheurs, et il ne voudrait pas
rendre tout prédicateur suspect. L'on sent, du reste,
que cette restriction lui est imposée par la présence
des fidèles, et que devant des prêtres, il l'omettrait.
L'aurait-il faite, que nous ne savons quel eût été le
prédicateur assez vertueux pour n'être pas grand
pécheur aux yeux d'un saint, pour qui, nous le répé-
tons, la chasse et la pêche étaient *scandales et grands
scandales.*

Sans doute, l'Eglise n'avait pas attendu S. François
pour protester hautement contre les licences des sermonnaires, et le niveau humiliant auquel ils avaient
laissé descendre la chaire. Les malicieuses attaques des
impies ou des hérétiques avaient été précédées par les dé-
crets des conciles. A Cologne, à Trèves, à Trente, furent portées les plus sévères condamnations contre les
abus en vogue. Grenade, quelques années avant François de Sales, avait examiné, à la fin de sa rhétorique,
quelle devait être la vie d'un parfait prédicateur, en
quel temps, avec quelle circonspection, et dans quels
sentiments, il doit exercer son ministère, (1) et, parmi

---

1. *Rhétorique Ecclésiastique.* Lyon, 1829, II, 361.

les moyens qui doivent servir principalement au prédicateur, (1) il recommandait avant tout l'esprit de Dieu, principe et source de tous les autres moyens. S. François Xavier, S. François de Borgia, avaient, le premier, dans ses *Lettres au père Barzée*, le second, dans son *Tractatus de ratione concionandi*, laissé, sur le même sujet, des monuments de leur piété.

Mais dans un siècle, troublé par les luttes civiles et religieuses, ces voix s'étaient toutes plus ou moins perdues. Au plus fort de la tourmente, le clergé songeait plutôt à repousser les attaques qu'à leur enlever tout prétexte, à poursuivre les adversaires plutôt qu'à écouter les maîtres, à frapper, trop souvent avec des armes que la religion réprouvera toujours, des coups que la douceur évangélique et la générosité chrétienne eussent rendus bien plus efficaces. Les esprits n'avaient pas le temps de se recueillir et de méditer sur la répression de certains abus qui plongeaient l'Eglise dans la douleur.

Peu d'années avant S. François de Sales, S. Charles Borromée avait laissé dans le recueil intitulé : *Acta ecclesiæ Mediolanensis*, de remarquables instructions

____

1. *Ibid.* 376.

sur la manière de prêcher. (1) Malheureusement l'influence du serviteur de Dieu ne s'étendait guère hors
de l'Italie, et, en France surtout, la nécessité de combattre, loin d'avoir contribué à la réforme des mœurs,
en avait jusqu'alors augmenté la dépravation. La
guerre civile n'avait pas permis au clergé de retrouver
son antique discipline. Jusqu'au commencement du
xvii⁰ siècle, les cris de réforme, cent fois répétés,
devaient être à peu près étouffés dans le tumulte des
camps et les clameurs des partis. Le calme et les
bienfaits du règne de Henri IV étaient nécessaires au
succès de ces courageuses protestations.

C'est précisément alors que François de Sales tente, par ses conseils et ses exemples, de redresser l'esprit
ecclésiastique, de ramener le clergé à la haute et
sévère estime de ses devoirs et de sa mission ; voilà
ce qui donne une si sérieuse importance à des pensées,
bien naturelles dans la bouche d'un saint, et ce qui
nous conduit à les relever. Une voix aussi autorisée
mérite d'être religieusement écoutée au commence-

---

1. Voir, M. Jacquinet. *Les prédicateurs du* xvii⁰ *siècle*, 37.
Les recommandations du vénérable archevêque nous donnent
le résumé complet des défauts de l'époque. L'abus du sens
allégorique, la manie d'emprunt à l'antiquité profane, la familiarité, la redondance.

ment d'un siècle, héritier de tant de misères et témoin de résurrections si nombreuses. Ne feraient-elles que répéter des avis déjà donnés, ses leçons empruntent aux circonstances un poids et une gravité qui leur tiendraient lieu d'originalité. Lorsque, quelques années plus tard, vers 1610, M. de Bérulle, S. Vincent de Paul, traçaient leur plan de réforme, ils ne faisaient que reprendre les idées des saints, leurs prédécesseurs, et en particulier de François de Sales, leur ami. Si des critiques ont cru devoir scruter à fond les théories de l'abbé de St Cyran, (1) l'on nous pardonnera de nous être arrêté un instant sur les sentiments du fondateur de la Visitation ; certes son influence valut celle du premier et porta de bien autres fruits.

En effet, les principes austères de François de Sales ne lui interdisaient pas seulement tout étalage superflu d'érudition, mais ils le préservaient encore de cette enflure de langage, de cette emphase étrangère, dont il fut toujours exempt.

En consultant l'oraison funèbre du duc de Mercœur, le plus travaillé des discours de François de

---

1. M. Jacquinet. *Les prédicateurs du* XVII*ͤ siècle*.....

Sales, nous n'y remarquerons qu'un ou deux passages du ton de celui-ci : « Mais où vays-je ? ne « sçays-je pas en quel danger de naufrage je me préci- « pite, me hasardant à de telles louanges ? je cours « bien encore une plus grande fortune, si je cingle en « cette mer sans fond et sans fin des vertus et géné- « reux exploits de ce prince. Si je voguois, par, ma- « nière de dire, sur l'infinité de vos louanges, ô grand « duc, j'aurais beau naviguer à voile françoise, je « chercherois terre en vain. » (1)

On sent que ce langage n'est pas celui qu'affectionne notre orateur, il s'en étonne lui-même, et il ne peut s'empêcher d'ajouter, *par manière de dire*, comme s'il voulait s'expliquer ou s'excuser.

Nous remarquerons aussi cette phrase ridicule : « Le croissant de Mahomet grossissoit si fort en Hon- « grie, qu'il sembloit se vouloir rendre pleine lune, et « sous sa maligne influence faisoit déchoir nos forces « et presque nos courages. (2) »

A l'exception de ces deux phrases, qui rappellent un peu le style boursouflé du temps, toute cette

---

1. *Oraison funèbre du duc de Mercœur*. 1865, ii, 276.
2. *Ibid.* 277.

oraison funèbre est écrite dans une langue grave et digne , sobre et retenue , qui parfois touche à la noblesse ; qualité rare en ce temps là, soit parce qu'on l'avait trop méprisée, soit au contraire parce qu'on l'avait mal comprise ou trop recherchée.

Mais il devait la rencontrer celui qui, sur le cercueil d'un grand de ce monde, débutait dans ses éloges par ces belles paroles : « *Non est conveniens* « *luctibus iste color* ; les harangues et discours polis, « les parolles harmonieusement concertées n'y sont pas « à mon advis convenables ny au deuil, ny aux funé- « railles; que s'il est ainsi, me voicy riche d'affection, de « simplicité et de fidélité, pour entreprendre le dis- « cours des vertus du prince décédé....... » (1)

Voilà en effet le secret de S. François : pour entreprendre ses discours il n'est riche que d'affection, de simplicité et de fidélité. Egalement étranger à la vaine gloire et aux sentiments vulgaires, il se tient, en général, à égale distance de la bassesse et de l'enflure.

Sans doute, comme nous l'avons déjà dit au chapitre précédent, ce qu'il faut admirer d'abord dans

------

1. *Oraison funèbre du duc de Mercœur*. 1865, ii, 265.

les sermons de François de Sales, ce sont ces qualités aimables, cette onction qui rendent à jamais son
style inimitable. Là, les pensées les plus simples se
parent de grâce et de fraicheur , le langage
se nuance des couleurs les plus tendres. Mais à côté
de ces descriptions charmantes, qui font aimer
le passé de notre littérature, il n'est pas rare [de
trouver des pages où percent déjà les qualités
futures de notre langue, la vigueur, la concision, la
noblesse.

Nous avons vu, à propos de la profondeur théologique de Saint François, combien il savait, en abordant
les hautes sphères de la doctrine chrétienne, maintenir
son langage à la hauteur du sujet. Il rencontra quelquefois l'éloquente rapidité des écrivains qui allaient
suivre. « Qui me délivrera de cette chair mortelle ? » s'é-
crie-t-il, avec l'apôtre S. Paul, dans un sermon pour le
Dimanche des Rameaux, (1) « car je ne m'en peux
« defaire. Que feray-je ? dit l'âme combatante : cette
« chair est ma chère moitié, c'est ma sœur, c'est ma
« chère compagne, née avec moi, nourrie avec moi ;
« et toutesfois elle me fait une si cruelle guerre !
« comme ma sœur, je la devrois suivre ; comme ad-

---

1. *Œuvres*.... MDCXL, 60. 1865, I, 304.

« versaire, je la dois fuir. Hélas ! mon Dieu ; si je la
« caresse, elle me tuë ; si je la tourmente, je me sens
« de l'affliction; si je ne l'ayme, je suis mal; si je l'ayme,
« je suis pis. »

Montaigne, à propos des contradictions de l'homme,
avait dit : « Le moyen que je prends pour combattre
« cette frénésie et qui me semble le plus propre : c'est de
« froisser et de fouler aux pieds l'orgueil et l'humai-
« ne fierté ; leur faire sentir l'inanité, la vanité et la
« dénéantise de l'homme ; leur arracher des poings les
« chétives armes de leur raison, leur faire baisser la
« tête et mordre la terre, sous l'autorité et révérence
« de la parole divine.

Pascal dira un jour : « Quelle chimère est-ce donc
« que l'homme ! quelle nouveauté, quel chaos, quel
« sujet de contradiction ! juge de toutes choses, imbé-
« cile ver de terre, dépositaire du vrai, cloaque d'in-
« certitudes et d'erreurs, gloire et rebut de l'univers ;
« s'il se vante, je l'abaisse, s'il s'abaisse je le vante,
« et le contredis toujours jusqu'à ce qu'il comprenne
« qu'il est un monstre incompréhensible.

Entre ces deux grands esprits, la distance est com-
blée par François de Sales. Il a la profondeur du
premier, et, sans atteindre à l'éloquence du second, il
en approche par la concision et la rapidité. Il touche

aux exclamations sublimes du célèbre penseur, et qui nous dit qu'il ne les eût pas pressenties, si, au lieu d'avoir simplement à exprimer devant les auditeurs la suite naturelle d'idées, mises à leur portée, il avait eu comme Pascal, à rendre l'impression laissée dans son âme, tout aussi méditative et plus aimante, par les luttes intérieures et le spectacle des misères de cette vie ?

Nous pourrions encore emprunter à un sermon de François de Sales cette page éloquente, (1) dans laquelle il compare la croix à un livre, et la rapprocher du passage connu de Bossuet, sur le même sujet, dans le panégyrique de S. Bernard ; il ne nous faudrait pas beaucoup forcer le parallèle pour voir dans les accents de l'Evêque de Genève comme le prélude de la grande voix. Sans doute, rien n'est comparable à la large manière de Bossuet ; la langue française n'eut jamais plus d'ampleur et de force que sur les lèvres de ce maître de la parole ; le dogme ne s'imposa jamais avec plus d'autorité, et l'éloquence de la chaire ne connut jamais un meilleur interprète. Pourtant la distance qui nous sépare du grand siècle ne nous semble plus dé-

---

1. Œuvres...... *Sermon pour la feste de l'Invention de la Sainte-Croix,* MDCXL, II, 103 ; 1865, I, 380.

jà si considérable, François de Sales a brisé les entraves que ne connaîtra pas Bossuet ; il exprime avec
chaleur et noblesse ce que plus tard, avec plus de majesté peut-être, mais sans plus de clarté et d'onction,
reprendra l'illustre orateur. Les accents sublimes de
Bossuet marquent l'apogée de l'éloquence religieuse ;
mais lorsque nous les rencontrons par avance dans
François de Sales, nous sommes en droit d'affirmer
qu'ils sont plus extraordinaires encore, vu le temps où
il les faisait entendre.

Que l'orateur du grand siècle laisse tomber du haut
de la chaire les paroles suivantes : « Ah ! que l'ad-
« mirable Bernard s'était avancé dans cette sagesse ;
« il était toujours au pied de la croix, lisant, contem-
« plant et étudiant ce grand livre : ce livre fut son
« premier alphabet dans sa tendre enfance, ce même
« livre fut tout son conseil dans sa sage et vénérable
« vieillesse. Il en baisait les sacrés caractères ; je veux
« dire ses aimables blessures qu'il considérait comme
« étant encore toutes fraîches et toutes vermeilles, et
« teintes de ce sang précieux qui est notre pain et
« breuvage. Il disait avec l'apôtre S. Paul, que les
« sages du monde se glorifient, les uns de la connais-
« sance des astres, et les autres des éléments : ceux-
« là de l'histoire ancienne et moderne, et ceux-ci de

« la politique ; qu'ils se vantent, tant qu'il leur plaira
« de leurs inutiles curiosités ; pour moi, si Dieu per-
« met que je sache Jésus crucifié, ma science sera par-
« faite et mes désirs seront accomplis. (1) »

Ce langage, tout éloquent qu'il est, ne nous surprend
pas ; Descartes et Pascal ont déjà parlé cette langue ;
Corneille a déjà connu le sublime, et pour la chaire,
Bossuet, qui est allé plus haut, (2) a trouvé des rivaux
dans Bourdaloue et Fénelon.

Mais quel n'est pas notre étonnement de rencontrer
dans un simple plan de François de Sales des passages de cette chaleur et de ce mouvement : « La croix
« est le vray titre du chrestien, et je vous prends à tes-
« moin, ô glorieux S. Bernard, très doux et desvot doc-
« teur ; car où avez vous repeu vostre entendement de
« la très douce et très souefve doctrine dont vous nous
« avez laissé les sainctes instructions ? Sinon en ce
« livre... Je vous appelle à garant, ô grand S. Augus-.
« tin....... Je vous prends à garant, ô séraphique

---

1. Bossuet. *Panégyrique de Saint-Bernard*. Ed. Vives.
1864, xii, 279.

2. Tout nous autorise à croire que ce discours, malgré ses
beautés est de la jeunesse de Bossuet. Il a été prêché à Metz,
comme l'indique le texte lui-même, et certaines allusions aux
malheurs de la France nous portent à penser qu'il est de 1656.

« S. François, si jamais vous avez appris les saincts et
« admirables traicts de vos sermons et conversations,
« sinon en ce sainct livre. Je m'en remets à vostre
« tesmoignage, ô angélique S. Thomas, qui n'escrivites
« jamais avant d'avoir eu recours au crucifix ; et vous,
« ô mon très sainct et séraphique docteur Bonaven-
« ture, qui me semblez n'avoir eu autre papier
« que la Croix, autre plume que la lance, autre en-
« cre que le sang de mon Sauveur Jésus-Christ, quand
« vous avez escrit vos divins opuscules. O quel traict est
« le vostre quand vous vous escriez : O qu'il fait bon avec
« le crucifix, j'y veux faire trois tabernacles, l'un en ses
« mains, l'autre en ses pieds, et le troisième en la
« plaie de son costé, là je veux reposer, je veux veiller,
« je veux lire, je veux parler. » (1)

Le prédicateur qui fait entendre ce langage, pourra
mettre dans les constitutions de l'Académie qu'il se
propose d'ériger : « Les leçons seront faites en un style
« grave, poli et plein, sans se ressentir en aucune
« façon de la pédanterie. » Les académiciens qui voudront se montrer dociles à ces règles n'auront qu'à
consulter comme modèles les écrits de leur fondateur.
C'est là qu'ils apprendront à user avec mesure des

______

1. OEuvres... MDCXL, II, 104. 1865, I, 381.

dons les plus séduisants, et à faire de la sobriété la première règle du goût.

Du reste, pour être emphatique, pour arrondir les périodes et travailler les phrases, il fallait en avoir le loisir, et les soucis du ministère absorbaient tellement le pieux Evêque, que, si le goût et la nature de son esprit l'avaient porté à ce genre redondant, ses occupations lui en eussent rendu la pratique impossible.

Il pouvait dire de tous ses sermons ce qu'il dit de son *Introduction à la vie dévote.* « Et quand au reste « des ornements du langage, je n'y ai pas voulu seu-« lement penser, ayant assez d'autres choses à faire. »

Il était bien jeune encore que déjà son père, M. de Boisy, trouvait qu'il prêchait trop. On aime à l'entendre raconter lui-même le fait à son ami, l'Evêque de Belley : « Durant que j'étais prévot de notre Eglise, je « m'exerçais à tout propos à la prédication, tant de « la cathédrale que des paroisses, jusques aux moin-« dres confréries: je ne savais ce que c'était de refuser. « Mon bonhomme de père entendant sonner la clo-« che du sermon, demandait qui prêchait. On lui « disait : qui serait-ce sinon votre fils? Un jour il me « prit à part et me dit: Prévot tu prêches trop sou-« vent : j'entends même un des jours ouvriers sonner « la cloche pour prêcher, et toujours on me dit : C'est

« le prévot, le prévot. De mon temps il n'en était pas
« ainsi, les prédications étaient bien plus rares, mais
« aussi quelles prédications ! Dieu le sait elles
« étaient doctes, bien étudiées, on disait des merveilles,
« *on alléguait plus de latin et de grec en une, que*
« *tu ne fais en dix* ; tout le monde en était ravi et
« édifié, on y courait à grosses troupes ; vous
« eussiez dit qu'on allait recueillir la manne. Main-
« tenant tu rends cet exercice si commun qu'on n'en
« fait plus d'état, et on n'a plus tant d'estime de
« toi. (1) »

Dans ses reproches à son fils M. de Boisy était l'interprète de tout le monde et pensait comme les contemporains. Du latin, du grec, des discours étu-
diés, voilà ce qu'on aimait. Mais François de Sales
au contraire méprisait toutes ces recherches, et voyez
dans quels termes il l'avoue :

« Tout cela ne sont qu'imagination de la sagesse
« humaine, qui est une vraie folie devant Dieu. S. Paul
« était bien d'autre avis quand il disoit au jeune
« évesque Timothée : « *Prædica verbum ; insta oppor-*
« *tunè, importunè, argue, obsecra, increpa in omni*

---

1. *Esprit de Saint-François*, 1865, ix, 78.

« *patientiâ et doctrinâ*. Croyez-moi, on ne prêchera
« jamais assez. »

C'était parler en apôtre, mais c'était parler aussi en
homme de génie, qui comprenait son époque, avait
mesuré tous les maux dont souffrait la prédication, et
voulait opposer au mal d'énergiques remèdes.

C'est lui qui écrira ces paroles pleines d'élévation
chrétienne : (1) « Quelle est donc la fin du prédicateur
« en l'action de prescher ? Sa fin et son intention doit
« estre de faire ce que Nostre Seigneur est venu pour
« faire en ce monde ; et voici ce qu'il en dit lui mesme ;
« *Ego veni ut vitam habeant et abundantiùs habeant.*
« La fin donc du prédicateur est que les pécheurs,
« morts en l'iniquité, vivent à la justice, et que les

---

1. *Lettre à l'Arch. de Bourges....* 1865, p. XXVIII.

*Quis igitur prædicanti in prædicando finis? Non alius
is sit oportet quam facere quod Dominus in hunc mundum
venit ut faceret. De quo en quid ipse dicat : Ego veni ut
vitam habeant et abundantiùs habeant (Joan, x.) Finis ergo
prædicatoris est ut peccatores, mortui in iniquitate, in
justitiâ vivant ; et justi qui vitam spiritalem habent abundantiùs eam habeant, magis magisque se perficiendo ; ac,
ut dictum est Jeremiæ : Ut evellas et destruas vitia et
peccata, et ædifices et plantes virtutes et perfectiones. Cum
igitur prædicator cathedram conscendit, dicat in corde suo:
Ego veni ut isti vitam habeant et abundantiùs habeant.*

« justes qui ont la vie spirituelle l'ayent encore plus
« abondamment, se perfectionnant de plus en plus...
« Quand donc le prédicateur est en chaire, il doit
« dire en son cœur: *Ego veni ut isti vitam habeant*
» *et abundantiùs habeant* »

Rien de plus noble et de plus fécond en conséquences, que ces quelques mots si simples sur
la fin du prédicateur. Pourquoi tant d'efforts, o rhé-
toriciens, tant de détours et de phrases, pour expliquer aux prédicateurs ce qu'ils doivent faire et où ils
doivent tendre ? Ils sont venus faire ce que Dieu lui-
même a fait en ce monde. N'est-ce pas tout en quelques mots ? Mais comment réaliser ce but sublime ?
Ecoutons : « Car pour chevir (1) de cette prétention et
« dessein, il faut qu'il fasse deux choses; c'est à sçavoir,
« enseigner et esmouvoir... c'est tout en somme don-
« ner de la lumière à l'entendement et de la chaleur
« à la volonté. (2) »

Sans doute, instruire et persuader ont toujours été
les deux grands effets de l'éloquence. Cicéron le disait

---

1. Venir à bout.

2. *Lettre à l'Arch. de Bourges*, p. xxviii.
Quam rem ut exsequatur, duo facere illi est necesse : do-
cere et movere .... in summa, ut intellectum illustret, et in-
flammet voluntatem.

déjà, (1) et les termes dans lesquels François de Sales expose ce que le prédicateur doit prêcher, sont un résumé aussi juste que concis de la question. Mais avant de passer à l'énumération des sujets que l'on peut traiter en chaire se présente une question et, dans son désir de lutter contre les tendances de ses contemporains, l'Évêque de Genève la tranche un peu sévèrement.

« Je sçay, dit-il, que plusieurs disent que,
« pour le troisiesme, le prédicateur doit délecter ;
« mais quant à moi, je distingue, et dy qu'il y a une
« délectation qui suit la doctrine et le mouvemant.
« Car qui est cette âme tant insensible qui ne reçoive
« un extreme playsir d'apprendre bien et sainctement
« le sainct chemin du ciel, qui ne ressente une con-
« solation extreme de l'amour de Dieu ? Et pour cette
« délectation, elle doit estre procurée ; mais elle n'est
« pas distincte de *l'enseigner et esmouvoir*, c'en est
« une dépendance.

---

1. *Lettre à l'Arch de Bourges*, xxviii.

Quam rem ut exsequatur, duo facere illi est necesse : docere et movere.. .., in summa ut intellectum illustret, et inflammet voluntatem.

2. De oratore ii, cccx.

Una res præ nobis est ferenda, ut nihil aliud nisi docere velle videamur.

« Il y a une autre sorte de delectation, qui ne
« dépend pas de *l'enseigner* et *esmouvoir*, mais qui
« fait son cas à part, et bien souvent empesche *l'en-*
« *seigner et l'esmouvoir*, c'est un certain chatouille-
« ment d'oreilles qui provient d'une certaine élégance
« séculière, mondaine et profane , de certaines curio-
« sitez, agencements de traicts, de parolles, de mots ;
« bref, qui dépend entièrement de l'artifice : et quant à
« celle-ci, je nie fort et ferme qu'un prédicateur y
« doive penser ; il la faut laisser aux orateurs du
« monde, aux charlatans et courtisans qui s'y
« amusent. Ils ne preschent pas Jésus-Christ cru-
« cifié, mais ils se preschent eux-mesmes.....

« Saint Paul déteste les auditeurs, *prurientes au-*
« *ribus*, et par consequent ceux qui leur veulent
« complayre : cela est un pédantisme. Au sortir du
« sermon je ne voudrois pas qu'on dist : O qu'il est
« grand orateur ! O qu'il a une bonne mémoire ! O
« qu'il est sçavant ! O qu'il est bien ! mais je voudrois
« que l'on dist : O que la pénitence est belle ! O
« qu'elle est nécessaire ! Mon Dieu que vous êtes
« bon, juste, et semblable chose. (1) »

<hr>

1. *Lettre à l'Archevêque de Bourges*, 1865. i, p. xxix.
Scio plures pro tertio addere, ut prædicans delectare stu-

Est-ce assez flétrir les abus en vogue? Est-ce assez condamner les préoccupations mesquines, la vanité

---

deat. Verum, mea quidem sententia, distinguendum est. Est delectatio quœ doctrinam et motionem consequitur. Hœc, quœnam est anima adeo insensibilis, quam non delectet plurimùm doceri bene et sanctè viam cœli, quam non capiat consolatio summa divini amoris? atque ad hanc delectationem quod attinet, omnino procuranda est ; sed ea a docendo et movendo non differt.

Aliud vero delectationis genus est quod ex iis non pendet ; sed seorsim suas habet partes sœpiùsque doctrinœ et motioni impedimento est. Ea est aurium quœdam titillatio, proveniens ex certà elegantià seculari, mundanà et profanà, in rebus curiosis, verborum ac vocum phaleris ; verum, quœ tota pendet ex artificio. Et de hac nego pernegoque ecclesiastœ esse cogitandum. Oratoribus sœculi illa relinquenda est, histrionibus item et adulatoribus, quorum hoc otiosum est negotium. Isti non Jesum Christum crucifixum, ut nos, sed seipsos prœdicant. Non sectamur lenocinia rhetorum, sed veritates piscatorum.

Detestatur apostolus auditores prurientes auribus, adeoque et prœdicantes qui illis placere student. Ineptum id est, ac, ut vocamus pœdagogicum. In concionis egressu nolim equidem dici : Quantus ille est orator! quantœ memoriœ! quam doctus! quam bene dicit! sed audire velim : O quam pulchra est pœnitentia! quàm necessaria! Bone deus! quàm tu bonus! quam justus es! et his similia ; vel certe ut auditor, corde plene consternato, aliter de prœstantia prœdicantis testari non valeat, quam emendatione vitœ suœ! Ut vitam habeant, et abundantius habeant.

littéraire des prédicateurs beaux esprits ? Il y a plus que le blâme dans ce langage, on y sent percer une indignation à laquelle le Saint ne nous a pas habitués. Le pédantisme, l'artifice des prêcheurs de son temps, lui inspirent presque de la colère, si le doux apôtre avait été susceptible de ce sentiment. François de Sales se révèle une fois de plus dans ce passage que nous avons tenu à citer en entier. Il y est avec son oubli de lui-même, son zèle pour le salut des âmes, son horreur pour la recherche et la prétention. Ne concevoir qu'une délectation « celle qui suit la « doctrine et le mouvement, cette délectation qui n'est « pas distincte de l'enseigner et de l'esmouvoir, qui « n'en est qu'une dépendance, » c'était dire en d'autres termes : le prédicateur doit s'attacher à instruire et à toucher, mais à plaire, jamais. Et c'est en cela que, par excès de prudence, François de Sales irait peut-être trop loin.

Les travers de son temps ne lui ont-ils pas fait illusion, et n'a-t-il pas condamné trop légèrement le recours à ce puissant moyen d'action, l'attrait, contrairement à tant d'autorités respectables qui l'admettent et même le recommandent ?

Sans doute, un prédicateur ne doit pas chercher à plaire par le bel esprit ou une élégance raffinée. Sa dignité le lui défend aussi bien que le bon goût. S'il est vrai que la suprême éloquence consiste à faire oublier l'orateur pour ne s'occuper que de ce qu'il dit, combien cela n'est-il pas plus vrai de l'éloquence religieuse? Or, rien n'est plus opposé à ce principe que la recherche et l'affectation. Dans un discours surchargé de faux ornements et de figures prétentieuses, l'homme seul se montre ; les pensées disparaissent sous les fleurs ou se noient dans les périodes. Les grâces affectées énervent le discours; n'engendrent que la satiété. (1) Le simple bon sens le dit, du reste : la crainte des jugements de Dieu ne s'inspire pas à l'aide des fleurs ou des traits brillants; ce n'est pas au moment de ramener les cœurs qu'il faut briguer des éloges, et rechercher des triomphes purement humains.

Mais parce que nous devons bannir de la chaire les frivolités du style et les grâces affectées, est-ce une raison pour sacrifier toutes les ressources que l'élégance peut offrir, et mépriser comme superflus tous

---

1. On en put voir la preuve plus tard à l'époque où le style froid et compassé de Balzac et de ses disciples vint, pour un moment, régner dans la chaire. Le sermon académique fut une fois de plus, par son insuccès et ses côtés ridicules, la condamnation de la recherche purement littéraire.

les charmes du noble et beau langage. Nos illustres orateurs, Bossuet, Bourdaloue, Massillon, connaîtront un jour les triomphes oratoires et littéraires, sans que le bien qu'ils ont fait en ait été moins grand. L'on peut quelquefois, au sortir d'un sermon, dire : O qu'il est grand orateur ! sans que cet aveu empêche d'ajouter : O que la pénitence est belle ! Les principes qui, après tout, ont fait Démosthène et Cicéron ont été pratiqués par nos meilleurs prédicateurs, et on ne saurait trop recommander au ministre de la parole de Dieu de recourir, pour l'annoncer, à toutes les ressources de la vraie et solide éloquence.

« Je vous abandonne, dit saint Grégoire de Na-
« zianze, au moment même où l'empereur Julien
« interdisait aux chrétiens l'étude des lettres hu-
« maines, je vous abandonne les richesses, la nais-
« sance, la gloire, l'autorité et tous les biens d'ici-bas,
« dont le charme s'évanouit comme un songe,
« mais je mets la main sur l'éloquence, et je
« ne regrette pas les travaux, les voyages sur
« terre et sur mer que j'ai entrepris pour la
« conquérir. (1) »

---

1. Saint-Grégoire de Naz. Œuv. t. i. p. 132. Traduction de M. Villemain.

Le même Père ne s'écrie-t-il pas dans ses prières :
« Un seul objet au monde a possédé mon cœur ; la
» gloire de l'éloquence. Je l'ai demandée à toute la
» terre, à l'Occident, à l'Orient et surtout à Athènes,
» cette parure de la Grèce ; j'ai travaillé pour elle de
» longues années ; mais cette gloire aussi je suis venu
» l'abaisser aux pieds du Christ, sous l'empire de
» cette parole divine qui efface et jette dans l'ombre
» la forme périssable et mobile de toute humaine
» pensée. (1) »

L'éloquence n'était donc pas indigne de servir au triomphe de la parole divine. Ailleurs, ce puissant génie, si plein de mépris pour les vaines délicatesses du langage, ne craint pas de dire qu'après avoir « tout
» abandonné pour Dieu, il s'attache uniquement à
» l'art de parler, en fait son partage et ne l'abandonne
» jamais. (2) » Nous trouverions chez les Basile, les Chrysostôme, les Ambroise, les Augustin, des témoignages analogues sur l'avantage et la nécessité de l'art oratoire.

Donc, vouloir complaire à ses auditeurs n'est pas toujours du *pédantisme* et le tort de notre

---

1. Ibid. Carmina, page 636. Traduction de M. de Broglie.
2. Saint-Grégoire. de Naz. Œuv.. tome I, Discours XII.

auteur serait d'avoir donné à entendre le contraire,
de n'avoir pas assez distingué le langage artifi-
cieux des rhéteurs, de la saine et grande éloquence.
Quoiqu'il en soit, les scrupules de saint François l'honorent et cette austérité de principes fait sa
gloire.

Loin de déparer le précieux opuscule (1) que nous
avons consulté si souvent, ces conseils sévères y sont
des plus utiles. Au temps où écrivait le saint Evêque on ne pouvait trop prémunir les esprits contre les
dangers de l'engouement littéraire, et le prélat se
fût montré encore plus exigeant qu'il ne risquait
pas de nuire aux prédicateurs du jour. Comparés
aux tendances d'alors, ses avis sont irréprochables
et ne nous étonnent nullement ; non seulement ils lui
étaient suggérés par le pédantisme des contemporains, mais ils lui étaient dictés par la nature de son
esprit.

Plaire beaucoup sans jamais y prétendre, fut le pri-
vilége de ce gracieux génie. Au dire de ses biographes, sa personne même commandait déjà l'affection
et le respect. On ne pouvait l'entendre sans se sentir
ravi et charmé, comme nous le sommes encore à la

---

1. *Lettre à l'archevêque de Bourges.*

seule lecture de ses ouvrages. Le bon prélat, était à son insu, la démonstration vivante de la nécessité de plaire pour toucher. Trompé par le triomphe de sa simple et affectueuse parole, il oubliait que sa diction était à la fois naturelle et distinguée, son style facile et pittoresque, sa personne aimable et bonne, et que, plaisant beaucoup sans le vouloir, il était ainsi très-éloquent.

Rien n'est d'ailleurs plus opposé au caractère de François de Sales que le rigorisme et l'exagération, et il aime à tempérer par ses exhortations aux prédicateurs, ce que pouvait avoir d'austère l'idée qu'il se faisait de leur mission. Ainsi à la fin de cette même lettre, dont nous avons cru trouver quelques conseils un peu rigoureux, François de Sales tient à mettre en garde son ami contre le découragement. Il le fait en ces termes : « Il faut, avant que je ferme cette lettre, que
« je vous conjure, Monsieur, de ne la point faire voir
« à personne duquel les yeux me soient moins favo-
« rables que les vostres, et que j'ajoute ma très-humble
« supplication que vous ne vous laissiez emporter à
« nulle sorte de considération qui vous puisse empes-
« cher ou retarder de prescher... Vous le pouvez,
« Monsieur, et vous le devez. Votre voix est propre,
« votre doctrine suffisante, votre maintien sortable,

« votre rang très illustre en l'Eglise. Dieu le veut, les
« hommes s'y attendent ; c'est la gloire de Dieu, c'est
« vostre salut ; hardiment, Monsieur, et courage pour
« l'amour de Dieu. (1) » On le reconnaît à ces sages
tempéraments : personne ne savait mieux exciter
et modérer tout ensemble, pousser au bien sans conduire à l'exagération, montrer le sommet et aider
à l'atteindre ; nul, mieux que lui, ne connut les
limites, au-delà desquelles la vertu devient une exaltation trompeuse, et les travers sont de dangereux
défauts.

S'il faut recommander l'étude à son clergé, il le
fera en ces termes : « Je puis vous dire avec vérité
« qu'il n'y a pas grande différence entre l'ignorance
« et la malice, quoique l'ignorance soit plus à craindre,
« si vous considérez qu'elle n'offense pas seulement

---

1. *Œuvres .. Lettre à l'archevêque de Bourges*, 1, p. XLI.
*Opus est antequam has litteras obsignem obtestari te, reve-
rendissime domine, ut ne ulli cas videndi copiam facias,
cujus oculi mihi minus æqui sunt quam illi tui ; humilli-
meque præterea supplicare nullis te considerationibus
auferri sinas, quæ te a prædicando impediant aut retar-
dent... Potes, domine et debes, vox tibi accommodata est,
doctrina sufficiens, habitus corporis conveniens, ordo vero
in ecclesiâ illustrissimus : Deus id vult, angeli exspectant,
gloria Dei ca est, et tua salus.*

« soi-mesme, mais qu'elle passe jusques au mespris
« de l'état ecclésiastique. Pour cela, mes très-chers
« frères, je vous conjure de vaquer très-sérieusement
« à l'estude ; car la science à un prestre, c'est le hui-
« tiesme sacrement de la hiérarchie de l'Eglise, et son
« plus grand malheur est arrivé de ce que l'arche
« s'est trouvée en d'austres mains que celles des les-
« vites. » (1)

Mais François de Sales, suivant le mot d'une religieuse célèbre, dont il fut trop peu de temps le direc-
« teur, voyait tous les maux et tous les désordres que
« le relâchement avait causés dans les mœurs des ecclé-
« siastiques et sentait l'auguste nécessité d'une sérieuse
« réforme. (2) » Il connaissait pour les prédicateurs un
écueil aussi redoutable que celui de l'ignorance, c'était

---

1. Saint François de Sales, Œuvres... 1865, ii, 256. Exhor-
tation tirée de la vie de Saint François de Sales, par M. de
Maupas.art. iv, chap. ii, p. 201.

2. La mère Angélique Arnauld. — Tout le monde sait l'admiration que Saint François de Sales inspirait à la célèbre
abbesse, et comment il s'opposa à son entrée dans l'ordre de
la Visitation. La correspondance qui s'établit entre eux à ce sujet
est fort intéressante, et pourrait bien servir de preuve à ce que
nous disons de la prudence de Saint François de Sales.

Voir Œuvres de Saint François de Sales, 1865, tome viii,
lettres 699 et suiv.

l'amour-propre, et il ne craint pas d'en détourner ainsi l'archevêque de Bourges, qui semblait hésiter à se croire assez préparé pour la prédication.(1)« Com-
« mencez, Monsieur, une fois aux ordres, une autre
« fois à quelque communion ; dites quatre mots,
« et puis huict, et puis douze, jusqu'à demi-heure ;
« puis montez en chaire : il n'est rien d'impossible
« à l'amour. Nostre Seigneur ne demanda pas à
« S. Pierre : Es-tu sçavant ou éloquent? pour lui
« dire : *Pasce oves;* mais : *amas me* (Joan 27)? Il
« suffit de bien aymer pour bien dire. Saint Jean
« mourant ne sçavoit que répéter cent fois en un
« quart d'heure : Mes enfants, aymez-vous les uns
« les autres; et avec cette provision il montoit en
« chaire; et nous faysons scrupule d'y monter, si
« nous n'avons des myrobolans d'éloquence ! Laissez
« dire à qui alléguera la suffisance de Monsieur votre

---

1. *Œuvres... Lettre à l'archevêque de Bourges*, p. LXII.
*Incipe, illustrissime domine, semel in ordinum collatione,
tum iterum in aliquâ communione. Dic primum quatuor
verba, tum octo, denique duodecim, usque ad horam me-
diam : post hæc cathedram conscende. Nihil impossibile
amori. Domine Petrum interrogat, non, doctusne es, aut
eloquens? ut ei dicat, pasce oves meas; sed amasme...?*

« prédécesseur : il commença une fois comme
« vous. »

Le zèle religieux de François de Sales est donc à la
fois austère et mesuré, ce qui lui donne, à cette
époque, une originalité incontestable. Il est toujours
réglé par ces deux qualités si françaises, le jugement
et le bon sens.

Pascal n'admirait point un homme qui possédait
une qualité dans toute sa perfection, s'il ne possédait,
en même temps, dans un pareil degré, la vertu opposée. Le profond penseur savait combien il est difficile d'éviter l'excès, de toucher, comme il le dit,
« non-seulement une extrémité, mais les deux à la
« fois, et de remplir tout l'entre-deux. (1) » Ce

Bene amare sufficit, ut bene dicas. Divus Joannes morti
appropinquans aliud nesciebat quam repetere centies quarta
horæ parte, Filioli diligite alterutrum : cum hac provi-
sione cathedram conscendebat; et nos reformidamus cons-
cendere, nisi serta eloquentiæ illuc afferamus. Sine dicant
quod voluerint, qui præstentiam decessoris tui allegabunt.
Cœpit et ille aliquando, ut tibi incipiendum est.

1. Je n'admire point l'excès d'une vertu comme de la valeur,
si je ne vois en même temps l'excès de la vertu opposée.... On ne
montre pas sa grandeur pour être à une extrémité ; mais bien en
touchant les deux à la fois, et remplissant tout l'entre-deux...

Pensées de Pascal, Paris 1852. Art, vi, Pensée 21.

mérite, si rare qu'il soit, était naturel à François de Sales. Un célèbre critique de notre temps, faisant allusion, précisément à propos de notre orateur, à ces mêmes paroles de Pascal, ne craignait pas de dire : « Nul mieux que François de Sales n'eut « avec une qualité suprême l'assemblage, le tempé- « rament, le correctif et l'extensif, enfin pour « parler avec Pascal, l'entre-deux. A chacun des « caractères que je lui ai précédemment reconnus, « il faudrait ajouter presque son contraire, lequel « apparaît, non pas pour faire balance ailleurs et « diversion, mais pour modifier et fortifier la « qualité dominante en y entrant, en s'y fondant pour « y faire équilibre et lest comme au-dedans d'elle- « même. » (1)

De là à accorder à François de Sales la seconde qualité, qui était presque aussi nécessaire que la sain- teté au réformateur futur de la chaire, et à dire qu'il fut homme de goût, dans le sens où ce mot, qu'on connaîtra plus tard, (2) peut être en-

---

1. Sainte-Beuve. *Port-Royal*, ı, 264.

2. La Harpe fait remarquer justement dans l'introduction de son *Cours de littérature*, que le mot *goût* pris abstractive- ment ne date que de la fin du xviiie siècle. « Ce qui pourra « surprendre, dit-il, c'est que ces deux mots, le génie, le

tendu à l'époque qui nous occupe, il n'y a pas très-loin.
Il fallait alors, en effet, juger de la prédication en litté-
rateur, et comprendre qu'à côté des vertus indispen-
sables au ministre de la parole de Dieu, quelques
réformes dans la théorie elle-même du sermon étaient
à conseiller ou à provoquer.

Or François de Sales avait le premier élément du
goût, la sincérité. Il ne forçait jamais sa pensée ; la
disait telle qu'il la concevait, sans la surcharger
d'ornements menteurs, ou de faux brillants. Il avait de
plus une raison droite et sûre qui le tenait en garde contre
les préjugés. Il n'en fallait pas davantage pour avoir le
seul goût possible à cette époque. Ce n'était pas précisément encore ce sentiment vif, prompt et précis de
toutes les beautés, de toutes les délicatesses de l'art,
de ses nuances les plus vagues, de ses plus imper-
ceptibles défauts, de ses efforts les plus cachés.
C'est seulement aux époques de perfection qu'on
peut apporter dans les jugements, cette rigueur, je
dirai presque cette minutie ; c'est lorsque la langue

« goût, pris abstractivement, ne se trouvent jamais ni
« dans les vers de Boileau, ni dans la prose de Racine,
« ni dans les dissertations de Corneille, ni dans les pièces de
« Molière. Cette façon de parler, comme je l'ai déjà dit, est
« de notre siècle. » Introd. page 39.

est formée, et que l'esprit d'une nation, débarrassé de ses entraves, a trouvé sa véritable voie. Alors les chefs-d'œuvre ne se font pas attendre et le critique a le droit de se montrer difficile. Il conçoit clairement ce que réclament le génie du pays, les règles du langage, les progrès de l'art et le libre développement des idées.

Au temps de saint François de Sales, les esprits, sortis à peine des langes de l'ignorance, avaient failli s'égarer et se perdre dans les ruines de l'antiquité. Les hommes de génie en étaient à chercher eux-mêmes le fil conducteur, et commençaient tout au plus à diriger leur marche dans ce monde riche, mais longtemps inconnu. Avant de s'arrêter à châtier et à polir, on songeait à trouver le fond nécessaire et à fixer les principes. Entre ce passé qui s'écroulait et l'avenir qu'on ignorait, dans ce bizarre demi-siècle, époque neutre où l'absence des principes littéraires le dispute à la variété des modèles, le goût n'était que la voix du bon sens luimême, démêlant dans l'héritage du passé qui fuyait et les richesses entrevues de l'avenir, le vrai trésor national. C'était la raison, renouant dans le chaos des deux littératures, les véritables traditions, débarrassant le tronc français, si nous pouvons ainsi parler, de ses rameaux inutiles ou trop hâtivement greffés, en même temps que de ses rejetons trop précoces ou trop vigoureux. Raffiner alors eut été se tromper singulièrement. La nature surtout voulait être consultée, elle était le premier oracle à interroger, seule elle pouvait assurer la route et sauver le progrès. C'est elle qui, se développant avec le génie et l'éducation du pays, allait devenir peu à peu plus cultivée, plus exigeante, et le goût, dans sa marche et ses perfectionnements, n'est autre chose que la manifestation graduelle de cette transformation lente et logique de l'esprit français; c'est la raison appliquant ses jugements aux travaux de l'esprit. Bientôt, il est vrai, la raison pourra se confondre avec le sentiment délicat et exquis des finesses de la pensée et des ressources de l'art ; mais, pour le moment, elle était la voix du bon sens dans toute sa simplicité, et personne n'y fut plus docile que François de Sales. Henri IV le connaissait bien, lorsqu'il l'appelait « un esprit solide, clair, résolutif, point violent, point impétueux et lequel ne voulait emporter les choses de haute lutte ou de volée. »

Nous ne voudrions pour preuve de la justesse de cette appréciation, que le soin assidu avec lequel François de Sales s'efforça de plier son caractère à la plus angélique douceur. Sans doute, la vertu et

la piété avaient le plus contribué à cette merveilleuse disposition que célèbrent tous les biographes, mais la raison y avait eu sa part. Aux
yeux de François de Sales, la douceur n'était pas
seulement un frein nécessaire à la nature, c'était un
moyen indispensable pour réussir dans la vie et auprès
des âmes ; la modération était le plus fort levier du
bien, et son ambition fut de prouver par sa vie cette
vérité trop oubliée.

Or, une telle conviction n'était pas alors si naturelle
et si générale qu'on pourrait le croire, elle était même,
jusqu'à un certain point, nouvelle. Le pressentiment
des besoins de l'avenir, plus encore que les souvenirs
du passé, en était la source, et, pour la partager, il
fallait une raison supérieure, mûre déjà pour les jours
qui se levaient.

Cette raison si ferme et si droite de François de
Sales n'avait pourtant rien de froid ni d'austère. Elle
s'alliait à merveille, dans cette riche nature, avec une
bonhomie exquise que notre auteur tenait d'abord du
pays natal, et dont il est resté le type à jamais séduisant. Heureux mélange de finesse et de bonté, de
naïveté et de délicatesse, de grâce subtile et de simplicité, cette qualité à laquelle nous croyons avoir
donné son vrai nom, corrigeait ce qu'aurait pu avoir

de raide et de sévère un esprit si sagement réglé. Sagesse, mesure, d'une part ; grâce, laisser-aller, fraîcheur, de l'autre ; si nous n'avons pas nommé le goût, nous en avons nommé les éléments, réunis déjà chez un même orateur. Il ne sait peut-être pas très-bien dans quelle proportion les combiner, mais la faute en est plus à la jeunesse de notre langue et de notre littérature qu'à sa propre faiblesse ou à son manque de discernement.

Dans un monde où l'on ne connaissait guère que les extrêmes, cet écrivain sut au moins éviter l'excès. Il chercha le plus souvent la vérité entre les deux, ne se montrant jamais ni trop facile, ni trop exclusif. S'il n'a pas suivi les règles que nous respectons aujourd'hui, c'est qu'il était impossible de les suivre, nous dirions mieux, de les prévoir, dans un siècle, dont l'indécision et le doute en littérature, sont les caractères très-accusés. Tant que l'imagination souveraine maîtresse, retarderait la langue et voilerait la raison, il fallait attendre pour parler de bienséances. François de Sales n'en a pas moins dans le jugement, cette finesse et cette droiture qui devaient, plus que toute autre qualité, préparer les beaux temps de notre littérature et former le génie français, ce génie essentiellement net et clair, qui a si bien le sentiment des caractères de la vraie beauté : la sobriété et la grandeur.

N'allons donc pas, pour des fautes de peu d'importance, pour quelques traces inévitables d'une influence, universelle alors, oublier que notre auteur fut des premiers, sinon le premier, à faire admirer cette logique, cette simplicité, cette mesure qui sont les lois mêmes de notre langue, sa gloire et sa sauvegarde.

CONCLUSION

Le prédicateur que nous venons d'étudier naissait,
nous l'avons vu, au moment où la chaire était en
pleine décadence. Sollicitée par des courants divers,
mais également funestes, l'éloquence religieuse s'é-
cartait de plus en plus des vrais principes et des
saines traditions. Paralysée dans son essor par des
défauts déjà anciens, tels qu'une scolastique raffinée,
un langage trivial, un mysticisme quintessencié, elle
avait vu, chose étonnante, les obstacles grandir
encore avec le réveil des lettres, et les entraves se
multiplier. Telles sont, rappelées en peu de mots, les
circonstances dans lesquelles François de Sales eut à
se former comme prédicateur.

Nous avons opposé les caractères de son éloquence à ces différents défauts, et nous avons recon-

nu à chaque examen un progrès, plus ou moins sensible, mais un progrès.

De la scolastique, il a conservé la logique et la vigueur ; il n'en a pas connu les subtilités et la sécheresse.

Simple sans être bas, enjoué sans être burlesque, gracieux sans badinage, fin sans prétention, il a montré des premiers à son siècle la véritable voie de la raison et du goût, également éloignée de la trivialité et de l'enflure.

Aux déclamations politiques de prêcheurs trop nombreux, il a opposé les controverses les plus bienveillantes et cependant les plus décisives ; apprenant à ces hommes, d'une intolérance aveugle, à ne pas confondre dans les mêmes anathèmes les personnes et les doctrines ; prouvant par son exemple et ses prodigieux succès que la douceur est le plus puissant levier de la foi, que la religion plane trop haut au-dessus des opinions humaines, pour se défendre comme elles, par la violence ou la colère.

D'une immense érudition, il a protesté cependant par sa réserve et sa sobriété contre l'étalage inconvenant des autorités profanes et de la sagesse païenne.

Si dans son symbolisme, il a fait quelquefois pencher trop fort la balance vers les raffinements de l'allégorie et les subtilités de l'exégèse, jamais il n'a porté dans l'interprétation du texte sacré les ressources du bel esprit, ni légitimé par l'Ecriture ses fantaisies personnelles.

Sans doute, même en dehors du symbolisme, il y aurait des restrictions à faire, et François de Sales n'est point irréprochable.

Tout homme tient plus ou moins à son siècle. Il se ressent des circonstances dans lesquelles il est placé, et il révèle toujours par certains côtés les dispositions de son temps. A moins qu'il ne se soit établi le contradicteur de ses contemporains, ce qui est un autre tort, et conduit à bien d'autres excès, tout esprit laisse apercevoir quelques traces du contact qu'il a subi, et quelques traits de ressemblance avec ses voisins.

Ainsi François de Sales n'est pas bouffon, loin de là ; mais par moment il est un peu familier. Sans être scolastique, il lui arrivera d'être minutieux dans une division, puéril dans quelques détails. Les inventions de sa piété, toujours gracieuses, jamais ridicules, ont, de temps à autre, le caractère capricieux de l'époque. Sans tomber dans la fadeur, ses allégories sont quelquefois trop naïves. Son érudition si discrète fait volontiers une exception pour l'histoire naturelle, et malgré son horreur pour l'emphase, il la respire tellement autour de lui qu'on pourrait peut-être en retrouver l'empreinte dans ses sermons.

Faut-il en conclure que nous avons exagéré les mérites de l'orateur? Mais où est le génie qui n'a point connu ces défaillances, et n'a pas trahi par des négligences involontaires l'infériorité de son temps ou les défauts de ses maîtres.

Quand un esprit ne révèle que par d'aussi faibles traces son origine et son milieu, ces vestiges eux-mêmes sont une preuve évidente de sa supériorité. Ils vous permettent de la mieux préciser par la comparaison de ce qu'eût été le même homme cédant aux idées de son temps.

On dirait d'ailleurs que chez François de Sales ces petites concessions faites au goût du jour sont volontaires. Certes, dit-il dans sa préface *du Traité de l'a-* « *mour de Dieu*, j'ai eu en considération la condition « des esprits de ce siècle et je le devois. Il importe « beaucoup de regarder en quel âge on escrit. (1) »

Il allait ainsi, sans le savoir, au-devant des reproches qu'on pourra lui faire plus tard, et prouvait que ses

---

1. OEuvres complètes... 1865. t. iv. *Traité de l'amour de Dieu*, préface, p. 8.

erreurs avaient leur source, bien plus dans sa condescendance, que dans son mauvais goût. Du reste, il était loin d'attribuer à ses exemples la portée que nous leur donnons ; il ne s'en doutait même pas.

Il suivait sa propre inspiration, n'ayant en vue que le bien des âmes ; sans arrière-pensée, sans songer le moins du monde qu'un jour il pourrait avoir des imitateurs et des disciples. Sa candeur et son humilité le défendent de cette ambition. S'il donne, même à un ami, des conseils sur la prédication, « il a honte, en « relisant sa lettre, » (1) de sa hardiesse. Nous savons, d'un autre côté, avec quelle difficulté on a pu recueillir çà et là quelques sermons, ou fragments de sermons, de ce prédicateur infatigable, mais aussi modeste que célèbre.

Donc, malgré les restrictions que nous avons dû faire, le rôle de Saint François de Sales dans l'histoire de la prédication religieuse en France, est très-considérable.

Il laissa beaucoup à faire à ses successeurs, mais il fit beaucoup pour eux.

Depuis quand les réformes littéraires seraient-elles

---

1. Œuvres.... 1865. — Lettre à l'archevêque de Bourges, p. XLII.

l'œuvre d'un seul? Elles ne sont pas plus l'œuvre d'un homme que l'œuvre d'un jour ; elles se prévoient, s'annoncent, commencent, se continuent jusqu'à ce que vienne l'homme de génie qui doit mettre la dernière main à l'œuvre, et la couronner. Cet homme s'appellera, Descartes, Corneille, Molière, Bossuet ; qu'importe? Il aura eu des précurseurs, et des jalons auront été déjà posés sur la voie dans laquelle, le premier, il marche d'un pas sûr et touche le but.

A côté de ces grandes figures de l'histoire des lettres, de ces génies qui achèvent, perfectionnent les œuvres si laborieusement commencées, n'est-il pas juste de célébrer ces esprits plus modestes qui ont ouvert la voie et déblayé le terrain ? Or, dans cette catégorie, si nous parlons de l'éloquence religieuse, François de Sales est au premier rang.

Nous l'avons remarqué, pour que l'éloquence se débarrassât de ses entraves et marchât dans la voie du progrès véritable, il fallait une réforme littéraire, mais plus encore une rénovation morale du clergé et des fidèles. Nous avons vu comment François avait compris et commencé la première. Même dans ses parties les plus faibles, il l'emporte sur ses devanciers et sur plusieurs de ses successeurs.

Son symbolisme, qu'on peut taxer d'exagération,

n'en reste pas moins la source des grâces les plus suaves de son style, et a mis dans ses sermons cet attrait qui les fera toujours chérir des âmes pures et délicates. Peut-être ces « surcroissances » seront-elles d'un fâcheux exemple pour les successeurs immédiats; mais viennent les beaux jours de la langue et de l'esprit français, et les plus grands génies montreront ce que peuvent ajouter d'éclat et de fraîcheur aux œuvres de la pensée, ces couleurs tendres et naïves, appliquées avec mesure. Encore quelques années, et Fénelon vengera François de Sales.

Nous avons signalé l'emploi trop facile de l'Ecriture Sainte dans certaines comparaisons; mais nous avons remarqué en même temps qu'il était une protestation éloquente contre un autre abus bien plus dangereux, amené par les interprétations des ligueurs : l'abus de substituer aux livres saints les autorités profanes.

Nous avons dit enfin qu'il se montra trop sévère pour les ornements dont la parole sainte est suscep-tible, mais nous avons dû ajouter qu'une sobriété excessive n'était pas à craindre à l'époque où écrivait S. François, et nous avons vu que son style, vrai commentaire de ses conseils, nous autorisait à en adoucir la rigueur.

Par ses qualités littéraires, François de Sales se

montra donc à la hauteur de sa mission, et fut un puissant promoteur de la réforme future. Il le fut plus encore par ses éclatantes vertus, et l'on peut ici, sans restriction aucune, accorder à l'influence de notre Saint un résultat décisif. (1)

Pour le clergé, il suffirait de rappeler la part que prit l'évêque de Genève aux projets de M. de Bérulle. C'est en grande partie aux inspirations et aux avis de son saint ami, que l'illustre cardinal dut la prospérité de sa congrégation, et ce n'est là qu'un fait entre beaucoup d'autres que fournit l'histoire des relations de François de Sales. Les effets de sa sainteté furent encore plus merveilleux parmi les fidèles. Ce fut dans le monde une véritable révolution. « L'illustre François de Sales a rétabli la dévotion « parmi les peuples, » pouvait, sans exagération, s'écrier quarante ans plus tard, Bossuet. Le mot suffirait, à lui seul, pour placer François de Sales parmi les pères de la grande éloquence du xviie siècle. Il avait ramené la dévotion au milieu du monde, pour nous servir d'une autre expression de Bossuet, et, avec elle,

---

1. Le père Caussin, dans son *traité d'Eloquence*, ramène avec raison toutes les qualités du prédicateur à trois : charité, humilité, courage. François de Sales aurait pu lui servir de type ; ces trois mots résument sa vie.

les délicatesses de la conscience, les susceptibilités du goût chrétien, le sérieux de la pensée, la gravité des habitudes. Le règne des prêcheurs était passé.

François de Sales avait fait à tous, ce dont se plaignait un de ses auditeurs, beaucoup de bien, et un mal dont on ne guérirait plus, il avait dégoûté des autres prédicateurs. Les restes des vieux abus disparaîtront avec la génération qui s'en va. La voie nouvelle est tracée. Tous ceux qui ne la suivront pas sont condamnés à s'égarer.

Les Oratoriens seront les premiers à s'y engager. Fidèles aux principes que leur pieux fondateur puisa dans l'amitié de S. François, ils rendront l'enseignement de plus en plus chrétien, et relèveront à son vrai niveau le ministère évangélique. L'éloquence, sur leurs lèvres, rajeunira, et deviendra féconde. Le père Senault, entre autres, se fera remarquer par la précision de sa méthode, l'élégance contenue de son langage.

En même temps les Jésuites, d'un goût plus châtié, seconderont de tous leurs efforts, par leurs rhétoriques, comme par leurs sermons, cette restauration de la chaire. En attendant que Bourdaloue se forme à cette école, les nobles et mâles accents de Claude de Lingendes montrent combien déjà sont pures les sources de l'éloquence.

L'Académie peut venir et s'occuper du style ; la dignité de la chaire est retrouvée, le fond de la vraie prédication est fixé. La noblesse, la correction et l'élégance du style ne peuvent que perfectionner l'éloquence religieuse. Sans dire, avec Massillon, que les prédicateurs avaient attendu l'Académie pour rougir de leurs défauts, il est juste de remarquer qu'ils profiteront des conférences de cette illustre assemblée. Les principes élevés qu'on y professait sur l'éloquence, la pureté du langage, le goût des bienséances qu'y entretenaient les habitués de l'hôtel Rambouillet, achèveront de ruiner la vieille manière, en dépit des bouffonneries du petit père André et des violences politiques du Coadjuteur.

Le sermon académique présentera, il est vrai, de nouveaux dangers. On poussera le souci de la forme jusqu'à la manie du purisme. De la noblesse on s'élèvera jusqu'à l'emphase ; du nombre on tombera dans la sonorité, de la gravité dans la morgue et l'affectation. Mais l'école de Port-Royal est fondée ; son austérité de principes, sa froide éloquence, sa sobriété, sa réserve vont faire un utile contre-poids. Les succès de Singlin, de sainte Marthe ou du père Des Mares seront la condamnation éloquente des Ogier, des Cerisy, des Bourzeis, des Verjus, en un mot « *de tous les Chrysostomes et de tous les Basiles »* de Balzac, comme déjà auparavant, la dignité de Lejeune et de Lingendes avait condamné le pédantisme du père Nouet et les galanteries de Le Moyne.

Tout est donc prêt. Un demi siècle ne s'est pas encore passé depuis l'éloquence simple et paternelle de François de Sales et déjà Bourdaloue et Bossuet peuvent paraître. Les fidèles les comprendront et la chaire n'attend plus qu'eux.

Vu et lu
à Paris, en Sorbonne,
le 20 Déc. 1873,
par le doyen de la Faculté
des lettres de Paris
PATIN

Vu et permis d'imprimer,
Le Vice-Recteur de l'Académie de Paris,
A. MOURIER

APPENDICE

4 — Sermon pour le dimanche de la Quinqua-
gésime. — *De l'honneur dû au signe de la
Croix.* — Ed. MDCXL.

5 — Sermon le pour 1er dimanche de Carême. —
Sur les tentations. — Ed. MDCXL.

6 — Sermon pour le 4ᵉ vendredi de Carême. —
Jésus-Christ modèle du véritable amour.
— Ed. MDCXL et MDCXLIII.

7 — Pour le même jour. — *Sur le même sujet.* —
MDCXL et MDCXLIII.

8 — Sermon pour le 5ᵉ vendredi de Carême. —
*Des fruits de la tribulation et des condi-
tions de l'Oraison.* — MDCXL et MDCXLIII.

9 — Sermon pour le jour des Rameaux. — *Que
la vie de l'homme est une guerre.* —
Ed. MDCXL.

10 — Sermon pour le mardi de Pâques. — *Sur la
paix.* — Ed. MDCXL.

11 — Sermon pour le 4ᵉ dimanche après Pâques.
— *Des traditions.* — Ed. MDCXL.

12 — Sermon pour le jour de l'Invention de la
Sainte-Croix. — *Sur la gloire de la Croix.*
— Ed. MDCXL.

13 — Sermon pour le jour de la Pentecôte. — *Sur le
Saint-Esprit.* — Ed. MDCXL et MDCXLIII.

14. — Sermon pour le jour de la Trinité. — *Sur le mystère de la Sainte-Trinité.* — Ed. MDCXL et MDCXLIII.

15 — Sermon pour la fête du Saint-Sacrement. — *Sur la vérité du Saint-Sacrement de l'Autel.* — Ed. MDCXL et MDCXLIII.

16 — Pour le même jour. — *Sur le même sujet.* — Ed. MDCXL et MDCXLIII.

17 — Pour le même jour. — *Sur la présence réelle.* — Ed. MDCXL et MDCXLIII.

18 — Sermon pour le 3e dimanche après la Pentecôte. — *De l'accès que les pécheurs ont à Jesus-Christ.* — Ed. MDCXL.

19 — Sermon pour le jour de Saint Pierre. — *Parallèle de saint Pierre et de saint Jean-Baptiste.* — Ed. MDCXL.

20 — Sermon pour le 12e dimanche après la Pentecôte. — *L'Evangile, source du vrai bonheur.* — Ed. MDCXL et MDCXLIII.

21 — Sermon pour le jour de l'Assomption. — *Causes et effets de la mort de la Sainte Vierge.* — Ed. MDCXL et MDCXLIII.

22 — Sermon pour le 18e dimanche après la Pentecôte. — *De la paralysie spirituelle.* — Ed. MDCXL et MDCXLIII.

BIBLIOTHÈQUE NATIONALE
R. F.
IMPRIMÉS.

TABLE

BIBLIOTHÈQUE NATIONALE IMPRIMÉS

INTRODUCTION.

CHAPITRE PREMIER.

ÉTAT DE LA PRÉDICATION EN FRANCE AU TEMPS DE SAINT FRANÇOIS DE SALES.

scolastique, la trivialité du langage, le symbolisme raffiné. — Influence fatale de la scolastique sur la prédication. — Charron, Bertaut, Coton, Coeffeteau. — Histoire du genre familier. — Ses commencements. — Ses dangers. — Cause réelle de ses développements, si funestes à l'éloquence de la chaire. — Maurice Poncet. — Violence des prêcheurs à la fin du XVIe siècle. — Les ligueurs. — L'exaltation politique aide à la corruption de l'exégèse chrétienne. — Distinction entre le sens littéral et le sens spirituel de l'Écriture. — Comment les prédicateurs franchirent peu-à-peu les limites de la vérité et du goût dans l'interprétation du sens spirituel. — Corruption du symbolisme amenée par la décadence des mœurs. — La renaissance des lettres, source de nouveaux défauts pour la chaire chrétienne. — Erudition profane et ridicule des prédicateurs. — Imitation maladroite des langues anciennes. — Un Avent de Valladier. — Séguiran. — Oraisons funèbres de Henri-le-Grand. — Du Perron. — Imitation italienne et espagnole. — Réveil de l'éloquence religieuse sous le règne de Henri IV. — François de Sales.

PAGE 19

CHAPITRE II.

LE MISSIONNAIRE.

Sommaire.

Deux défauts à redouter pour un missionnaire au commencement du XVIIe siècle. — Il pouvait être trop scolastique dans sa prédication et trop politique dans son apostolat.   PAGE 61

§ I.

LES SERMONS DE SAINT FRANÇOIS DE SALES ET LA SCOLASTIQUE.

Malgré sa brillante éducation scolastique, François de Sales prédicateur échappe par la nature de son esprit aux dangers de cette

méthode. — C'est à peine s'il laisse entrevoir dans les plans de ses
sermons sa secrète affection pour elle. — Comment, à l'étude de ces
résumés trop rapides, on pressent déjà les qualités de leurs développements. — Physionomie générale des plans. — Plan du sermon pour le
Dimanche de la Septuagésime. — Plan plus étendu du sermon pour le
jour de l'Invention de la Sainte-Croix. — Profondeur de François
de Sales. — Aisance avec laquelle il aborde l'explication des mystères. — Son éloquente clarté. — Cependant s'il ne connaît pas la
sécheresse, il connaît quelquefois la subtilité, second danger de la
scolastique. — Même, sous ce point de vue, François de Sales est
supérieur à ses contemporains. — Heureuse impulsion qu'il donne
à l'éloquence de la chaire ; ses idées sur la méthode que doivent
observer les prédicateurs. Page 65

§ II.

Saint François de Sales prédicateur et la politique.

François de Sales échappe complètement à l'intolérance politique
des prêcheurs de son temps. — Sa bénignité envers les hérétiques,
sa méthode de discussion. — Un sermon dogmatique du même prédicateur. — Comment, inflexible pour la doctrine, il aime à se montrer indulgent pour les personnes. Estime qu'il fait de la modération.
— Le livre des Controverses. — Chaleur que communique à son
style la vivacité de sa foi. — Urbanité de son langage. — Ses expressions les plus répréhensibles. — Raison qu'il donne de la modération qu'on lui reproche. — Sa tolérance dans les rapports ordinaires
des Catholiques et des Protestants. — Comment il sait allier l'énergie du caractère à la modération. — Ses rapports avec le
Duc de Savoie. — Avec Henri IV : son amitié pour le
grand roi, son tact, sa dignité, son abnégation. — De son peu de
goût pour la politique et de ce que ses sermons donnent à penser
sur ce point. — Oraison funèbre du Duc de Mercœur. — Regrets
de François de Sales à la mort de Henri IV. — Son second voyage
à Paris. — Le règne du sermon politique est fini. Page 91

CHAPITRE III.

L'homme.

Sommaire.

§ I.

Douceur et simplicité de Saint François de Sales.

§ II.

Imagination de Saint François de Sales. son amour du symbolisme.

les rapports surnaturels des choses avec leur Créateur. — Danger qu'offrait à son époque cette disposition d'esprit. — La douceur et la sainteté de François de Sales le défendent absolument des excès dans lesquels les passions politiques et le laisser-aller des mœurs faisaient tomber l'exégèse chrétienne. — Mais sa candeur et sa naïveté le conduisent au mysticisme quintessencié. — Comment François de Sales comprend le rôle de l'Ecriture Sainte dans la prédication. — Justesse des règles qu'il donne pour l'interprétation. — Distinction importante entre le sens spirituel et les interprétations permises. — Cette distinction explique les hardiesses de François de Sales. — Comme quoi son imagination et son amour de la nature l'ont quelquefois entraîné trop loin. — Exemples d'applications forcées et familières, malgré leur supériorité sur les compositions des prédicateurs contemporains. — Funestes conséquences de ce laisser-aller. — Imitation maladroite de quelques-uns. — Camus. PAGE 156

CHAPITRE IV.

L'ORATEUR.

Sommaire.

Physionomie littéraire que donne à François de Sales sa simplicité naturelle. — Caractère sérieux et discret de sa vaste érudition. — Sermon pour le jour de l'Assomption. — Même sermon chez Pierre de Besse. — Ce que gagne François de Sales à cette sobriété oratoire. — Ses idées sur le fond de la prédication. — Ce qu'il pense des histoires profanes, des fables des poètes, des vers. — Admirable trait de modestie. — Influence décisive de la sainteté de François de Sales sur la réforme de la prédication religieuse en France. — Les sentiments de notre prédicateur sur le ministère de la chaire. — Austérité de ses principes. — Importance et à-propos de ses conseils. — Non-seulement François de Sales proteste par son exemple contre l'étalage de l'érudition profane, mais encore contre l'emphase et l'enflure du langage. — Eloquente rapidité de son style. — François de Sales et Bossuet. — Reproches de M. de Boisy à son fils. — Comment François de Sales y répond. — La rigueur de quelques-uns de ses conseils expliquée par sa vertu et la nature de son génie. — Sages tempéraments qu'il apporte dans ses exigences. — François de Sales prédicateur est homme de goût. — Quel sens faut-il donner à cette qualification à l'époque qui nous occupe et comment François de Sales la mérite-t-il ?

FIN DE LA TABLE.

Imp. A. DERENNE, Mayenne. — Paris, rue St-Séverin, 25.